KB235271

남양주 문화재

남양주 문화재

풍양문화연구소
풍양문화시리즈 01

남양주 문화재

임 병 규 · 윤 종 일

景仁文化社

문화재의 정의와 종류

Ⅰ. 문화재의 정의

　문화재文化財를 뜻하는 용어로는 영어의 "Cultural Properties", 독일어의 "Kulturguter"가 있으며 이 모두 민족 문화유산으로 보존할 만한 가치가 있는 것을 뜻한다. 이러한 의미에서 문화재란 인류문화활동의 소산으로서 문화적인 가치를 지닌 것을 총칭한다고 할 수 있다. 문화재에 대한 정의는 다양하지만 가장 포괄적인 내용을 담고 있는 것은 유네스코(UNESCO)에서 정의한 것이다. 결국 문화재란 말은 바로 보존할 만한 가치가 있는 민족문화의 유산이다.

　문화재란 용어를 사용하기 시작한 것은 1950년대부터이고, 「문화재보호법」이 제정된 1962년에 문화재란 용어가 일반적으로 사용되었다.

Ⅱ. 문화재의 종류

1. 지정문화재指定文化財

　문화재는 크게 나누어 지정문화재와 비지정문화재가 있는데 이 중 지정문화재는 1962년 제정된 「문화재보호법」에 의해 유형문화재·무형문화재·기념물·민속자료의 4개 유형으로 분류하여 정의하고 이다. 그리고 비지정문화재는 지정되지 않은 문화재를 말하는 것인데 토지土地·해저海底·건조물建造物에 포장된 문화재인 매장문화재와 50년 이상 된 동산문화재, 그리고 기타 지정되지 않은 문화재가 있다.

지정문화재의 분류

지정 권자별 ＼ 유형별	유형 문화재		민속자료	기념물				무형문화재
국가지정 문화재	국보	보물	중요 민속자료	사적	명승	사적 및 명승	천연 기념물	중요 무형문화재
도지정 문화재	지방 유형문화재		지방 민속자료	지방기념물				지방 무형문화재
문화재자료								

1) 유형문화재有形文化財

유형문화재는 건조물建造物, 전적典籍, 고문서古文書, 회화繪畵, 조각彫刻, 공예품工藝品, 기타 유형의 문화적 소산으로 역사적·예술적 가치가 높은 것과 이에 준하는 고고자료考古資料를 말한다.

이와 같은 유형문화재는 국가에 의해 보물과 국보로 지정된다. 유형문화재 중에서 중요한 것이 보물이 되며 또 보물 중에서 특히 인류문화의 견지에서 그 가치가 크고 유례가 드문 것이 국보로 지정된다. 국보 제1호는 숭례문(崇禮門; 남대문)이고, 보물 제1호는 흥인지문(興仁之門; 동대문)이다.

지방유형문화재는 국보나 보물로 지정되지 않은 것 중에서 향토문화적 가치가 있는 것을 대상으로 지정한다.

2) 무형문화재無形文化財

무형문화재는 연극, 음악, 무용, 공예기술, 기타 무형의 문화적 소산으로서 역사적·예술적 가치가 큰 것을 말한다. 이 무형문화재 중에서 중요한 것이 중요무형문화재로 지정된다. 우리나라 중요무형문화재 제1호는 종묘제례악이다.

무형문화재는 이와 같은 기능이나 예능을 보유하고 있는 사람의 두드러진 솜씨를 보존하고자 하는 것이다. 무형문화재는 국가에서 지정하는 중요무형문화재와 시·도에서 지정한 지방 무형문화재로 나누어지며, 예능 또는 기능을 원형대로 체득하고 보존하면 이를 그대로 실현할 수 있는 개인 보유자(인간문화재)와 보유 단체도 인정한다.

무형문화재의 보유자는 보통 50세를 기준으로 하고 있으며 전수생 선발연령은 18세 이상, 음악·무용분야는 30세, 공예분야는 35세, 연극·민속놀이·제례분야는 40세까지로 제한하고 있다. 무형문화재의 작품 및 예능 발표회는 의무적으로 매년 1회 이상 해야 한다.

3) 기념물記念物

기념물은 패총貝塚, 고분古墳, 성지城址, 궁지宮趾, 요지窯址, 유물포함층, 기타 사적지로서 역사적·예술적 가치가 큰 것, 경승지로서 예술적·경관적景觀的 가치가 큰 것, 동물·식물·광물로서 학술적 가치가 큰 것을 말한다.

기념물은 지정권자에 따라 국가에서 지정한 것은 사적·명승 및 천연기념물로, 지방에서 지정한 문화재는 그냥 기념물로 불린다.

　　사적史蹟 : 유사 이전의 유적, 제사와 신앙에 관한 유적, 정치와 국방에 관한 유적, 산업과 교통·토목에 관한 유적, 교육과 사회사업에 관한 유적, 분묘와 비 등이 포함된다. 우리나라에서 사적 1호는 경주 포석정지이다.
　　명승名勝 : 저명한 건물이 있는 경승지 또는 원지苑址, 화수花樹, 화초·단풍 또는 어충류의 서식지, 저명한 협곡·해협·곶·급류·심연·폭포·호소, 저명한 해안·하안·도서, 저명한 풍경의 전망지점, 특색 있는 산악·구릉·고원·평원·하천·화산·온천지 등이다. 우리나라 명승 1호는 명주 청학동 소금강이며, 전국 명승지는 7개소이다.

천연기념물天然記念物 : 천연물이면서 옛날부터 존재하며 현재도 생존·성장하고 있어 오래도록 국토의 기념이 되는 것을 말한다. 즉, 진귀한 동물·식물·광물·관상할 만한 천연풍경을 구성하는 수륙의 여러 사물, 향토의 과거 역사를 회상시키는 천연물 등 학술적·과학적·풍경적·역사적으로 국토의 특징을 나타내는 것들을 총칭하고 있다.

기념물記念物 : 크게 나누어서 역사적 기념물과 천연기념물과 구별된다.

① 역사적 기념물

패총, 고분, 성지, 궁지, 요지, 유물포함층, 기타 사적지 등은 역사적 기념물에 속한다. 이들 역사적 기념물 중에서 중요한 것이 사적으로 지정된다.

② 천연기념물

경승지와 동물·식물·광물 등은 천연기념물에 속한다. 이 천연기념물 중에서 중요한 것이 명승 또는 천연기념물로 지정된다. 천연기념물 제1호는 달성의 측백수림이다.

4) 민속자료民俗資料

민속자료는 의식주, 생업, 신앙, 연중행사 등에 관한 풍속, 습관과 이에 사용되는 의복衣服, 기구器具, 가옥家屋, 기타의 물건으로써 국민 생활의 추이를 이해함에 필수적인 것을 말한다. 이 민속자료는 다시 유형민속자료와 무형민속자료로 구별된다.

① 유형민속자료

의복, 기구, 가옥, 기타의 물건 등은 유형의 민속자료에 속한다. 유형민속자료 중에서 중요한 것은 중요민속자료로 지정한다. 중요민속자료 제1호는 덕온공주 당의德溫公主唐衣이다.

② 무형민속자료

의식주, 생업, 신앙, 연중행사 등에 관한 풍습·습관은 무형민속자료에 속한다.

이와 같은 것 중에 한민족의 기본적 생활터전의 특색을 나타내는 것으로 전형적인 것을 국가 지정문화재인 중요민속자료로, 50년 이전에 축조된 전통 건조물 중 보존할 만한 가치가 있는 것을 지방문화재인 지방민속자료로 지정할 수 있다.

2. 비지정문화재非指定文化財

1) 매장문화재埋藏文化財

매장문화재는 토지·해저·건조물에 포장된 문화재로 정의하고 있다. 이런 유물들은 땅이나 바다에 묻혀 있기 때문에 매장문화재라 하며, 탑이라든지 불상 등에 안치되어 있는 사리장치나 복장腹藏유물 등도 포함된다.

매장문화재는 발견매장문화재와 발굴된 매장문화재로 구분할 수가 있는데, 발견의 경우는 공사나 어로작업 등에서 우연히 발견된 것을 말한다. 발굴의 경우에는 문화재관리국의 허가를 받아 학술기관에서 조사한 경우를 말한다.

매장문화재는 원칙적으로 국가소유로 간주되고 있다. 아무리 개인소유의 땅이라 할지라도 토지 자체의 소유권만 있을 뿐 매장된 문화재는 국가소유인 것이다.

2) 동산문화재動産文化財

동산문화재는 역사적·예술적 가치가 있는 유형의 문화재 가운데 건조물과 같이 장소 이동이 어렵거나 불가능한 문화재를 부동산문화재라고 하는 데 비하여 전적·고문서·회화·조각·도자기 등 공예품, 고고자료 등과 같이 이동이 가능한 문화재를 말한다. 이 중에서 지정되지 않은 것을 일반동산문화재라고 부른다.

일반동산문화재는 연한이 지난 유물로서 학술적·예술적 가치가 있는 것에 한하고 있으며 문화재 종류에 따라 다르기는 하지만 보통 제작연대로부터 50년까지를 한계로 하고 있다. 하지만 생존자의 작품은 보호대상에서 제외된다. 동산문화재는 지정문화재의 경우 의무적으로 공개해야 하며, 일반동산문화재는 수출금지 등의 법적 규제를 받는다.

남양주시 지정문화재 현황

지정내용			명 칭	소재지
국 가	보 물	397	봉선사 대종	진접읍 부평리 255
	사 적	197	광릉	진접읍 부평리 산100-1
		207	홍유릉	금곡동 산141-1
		209	사릉	진건읍 사능리 산65-1
		356	순강원	진접읍 내각리 150
		360	휘경원	진접읍 부평리 267
		363	광해군묘	진건읍 송능리 산59
		365	성묘	진건읍 송능리 산55
		366	안빈묘	진건읍 송능리 산66
		367	영빈묘	진접읍 장현리 175
	천연기념물	11	광릉 크낙새 서식지	진접읍 부평리 산100-1
		232	양지리 향나무	오남읍 양지리 532-1
	중요민속자료	129	여경구 가옥	진접읍 내곡리 286
		130	궁집	평내동 426-1
	유형문화재	22	수종사 오층석탑	조안면 송촌리 1060
		53	불암사 경판	별내면 화접리 797
		127	한확 선생 신도비	조안면 능내리 산69
		157	수종사 부도	조안면 송촌리 1060

		165	봉선사 괘불	진접읍 부평리 255
경기도 지방		166	한상경 영정	진접읍 금곡리 785
	기념물	7	정약용 선생 묘	조안면 능내리 산75-1
		48	흥선대원군 묘	화도읍 창현리 산22-2
		55	덕흥대원군 묘	별내면 덕송리 산5-13
		78	유량 선생 묘	조안면 시우리 산26
		94	수석리 토성	수석동 산2-2
		99	김상용 선생 묘	와부읍 덕소리 산6
		100	김상헌 선생 묘	와부읍 덕소리 산5
		114	이맹현 선생 묘	와부읍 도곡리 산45-1
		170	충렬공 박원종 묘역	와부읍 도곡리 산31
		177	청풍김씨 문의공파 묘역	삼패동 산42-2 일원
	문화재자료	54	이순지 선생 묘	화도읍 차산리 산5
		56	흥국사 대웅보전	별내면 덕송리 331
		80	가운동 지석묘	가운동 산17-2
		102	양평공 한계순 묘역	진접읍 금곡리 산126
		105	신빈 신씨 묘역	와부읍 도곡리 산41
		114	남재 선생 묘역	별내면 화접리 282-7
		115	이보 선생 묘역	화도읍 녹촌리 192
		116	변안렬 선생 묘역	진건읍 용정리 704-1
	민속자료	9	덕릉마을 산신각	별내면 덕송리 산5-126
	무형문화재	1	계명주	수동면 지둔리 279
		25	자수장, 궁수(황순희)	와부읍 도곡리
남양주시	향토유적	1	묘적사 8각7층석탑	와부읍 월문리 222
		4	의안대군 사당	평내동 151
		5	윤천뢰 묘 및 신도비	별내면 화접리 산58-1
		7	남선 선생 묘 및 신도비	별내면 청학리 산78
		8	조말생 선생 묘비	수석동 산2-1

○ 봉선사奉先寺 대종大鐘

소재지 : 남양주시 진접읍 부평리 255

보물 제397호

봉선사 대종 ⓒ 김준호

봉선사는 969년(고려, 광종 20) 법인국사法印國師에 의해 처음 지어진 사찰로서 몇 차례의 병화를 겪는 동안 중창을 거듭하게 되었다. 1469년(조선, 예종 원년) 정희왕후 윤씨는 산세가 빼어난 이곳에 세조世祖의 영靈을 봉안하기 위하여 폐허가 된 폐사지 모퉁이에 사찰을 건립하고 구리를 녹여 봉선사 대종을 만들었다(1409).

봉선사 대종은 임진왜란 이전의 작품으로는 몇 안 되는 종이며, 1469년(예종 1) 세조의 명복을 빌기 위해 주조된 종으로 높이 238cm·구경 168cm·두께 23cm이며 청동으로 만들어진 큰 종이다.

종의 꼭대기에는 음통音筒이 없는 반룡蟠龍으로 표현된 간략한 용뉴龍紐가 있고 종견鐘肩에는 큰 복판覆辦 연화문을 돌렸다. 종견 바로 밑에 융기된 2줄의 횡대를 돌려서 종신鐘身과 뚜렷한 구분을 지었다. 종신 중앙에는 굵고 가는 3줄의 횡대를 돌려 크게 상하로 구분하고 윗부분에는 유곽乳廓과 보살상을 교대로 배치하였다. 유곽은 종견의 횡대에서 분리되어 당초문이 얕게 조각된 정사각형 구획 안에 연화유좌蓮華乳座에서 돌기된 9개의 유두乳頭를 갖춘 형식으로 네 곳에 배치되었고 유곽과 유곽 사이에는 원형 두광을 갖추고 두 손을 마주잡은 연화 위의 입상이 얕게 양각되어 있다.

이와 같은 수법의 불상은 조선시대 동종에서 흔히 볼 수 있는 형식이다. 유곽 및 중앙 횡대 사이 공간에는 굵은 획의 범자梵字가 새겨져 있다.

중앙 횡대 밑에는 종구鐘口에서 상당한 거리를 두고 폭넓은 횡대를 두어 횡대 안에는 사실적이고도 조선시대의 특징이 잘 나타나는 파도문이 있다. 이 횡대와 중앙 횡대와의 넓은 공간에는 시·문·서·화의 4대가로 불리는 강희맹姜希孟이 글을 짓고 명필 정난종鄭蘭宗이 글을 썼다는 종명鐘銘이 있어 종을 주조한 연유를 알 수 있다. 명문에 종을 만든 이유와, 주성장, 조각장, 주장, 각자목수, 노야장, 수철장, 그리고 사령 등의 인명이 계속 나열되어 대대적인 공사였음을 알 수 있다. 이 종명에 기록된 연대가 '성화5년成化 五年'이므로

1469년(예종 1)에 종을 주조하였음을 알 수 있다. 종구鐘口가 넓어진
전체의 형태나 종신의 횡대 또는 조각수법 등은 조선시대 동종의
새로운 특징을 잘 보여주고 있다.

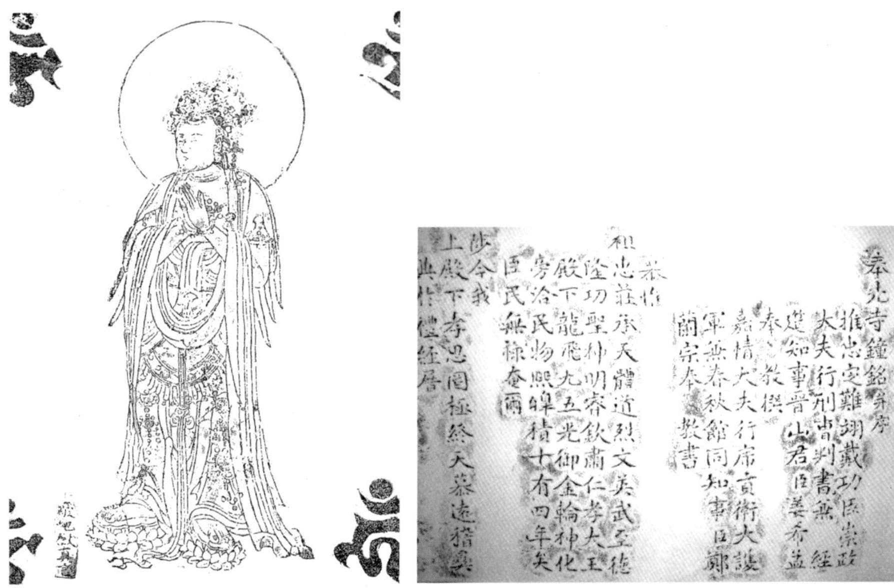

봉선사 대종 보살상

봉선사 대종 종명鐘銘

봉선사 전경
ⓒ 김준호

사적

O 광릉光陵

소재지 : 남양주시 진접읍 부평리 산100-1

사적 제197호

세조 능 ⓒ 윤종일

　광릉光陵은 조선 제7대 세조世祖와 왕비 정희왕후 윤씨貞熹王后尹氏의 능이다.

　세조는 1417년(태종 17)에 태어난 세종世宗의 둘째 아들로 군호君號는 진평晉平으로 봉해졌고, 이후 함평咸平 · 진양晉陽 · 수양대군首陽大君으로 개봉되었다. 그는 타고난 자질이 영특하고 학문이 높았으며 무예에도 남다른 조예가 있었다. 1452년 문종文宗이 승하하고 나이 어린 단종端宗이 왕위에 오르자 권람權覽, 한명회韓明澮 등과 결탁, 1453년(단종 1) 10월 10일 계유정난을 일으켜 김종서金宗瑞 황보인皇甫仁 등을 제거하고 안평대군安平大君을 강화로 유배시킨 다음 스스로 영의정 겸 병조판서에 올라 정권을 장악, 1455년 단종을 밀어내고 선양의 형식을 빌어 근정전에서 왕위에 올랐다.

세조는 14년간 왕위에 있으면서 군제軍制를 정비하고 많은 서적을 편찬하였으며 토지제도 및 관제 개혁, 국방을 강화하는 등 치적을 쌓았다. 또한 말년에는 왕위 찬탈에 대한 고뇌로 불문佛門에 귀의, 원각사圓覺寺를 창건하고 간경도감刊經都監을 두어 불경을 간행하였다.

세조는 1468년 9월 7일에 예종睿宗에게 왕위를 물려주고 병이 악화되어 수강궁壽康宮에서 52세를 일기로 승하하였다.

정희왕후 능 ⓒ 윤종일

정희왕후 윤씨는 본관은 파평坡平이며 1428년 판중추부사 증 영의정 윤번尹璠의 딸로 홍주에서 태어났다. 1424년(세종 6) 가례를 올리고 처음에는 낙랑부대부인樂浪俯大夫人에 봉해졌다가 1455년 세조의 즉위와 더불어 왕비에 책봉되었으며 1457년 존호를 자성慈聖이라 하였다. 덕종德宗, 예종睿宗, 의숙공주懿淑公主를 낳았으며 예종이 재위 14개월 만에 사망하자 덕종(예종의 형)의 차남 자을산군者乙山君을 즉일로 즉위시키고, 성종成宗이 즉위하자 조선왕조에서는 최초로 7년 동안 수렴청정을 하였다. 정희왕후 윤씨는 1483년(성종 14) 온양행궁溫陽行宮에서 66세의 나이로 승하하였다.

광릉은 조선 왕릉 제도상 중요한 위치에 있는 능이다. "내가 죽으면 속히 썩어야 하니 석실과 석관을 사용하지 말 것이며 병풍석을

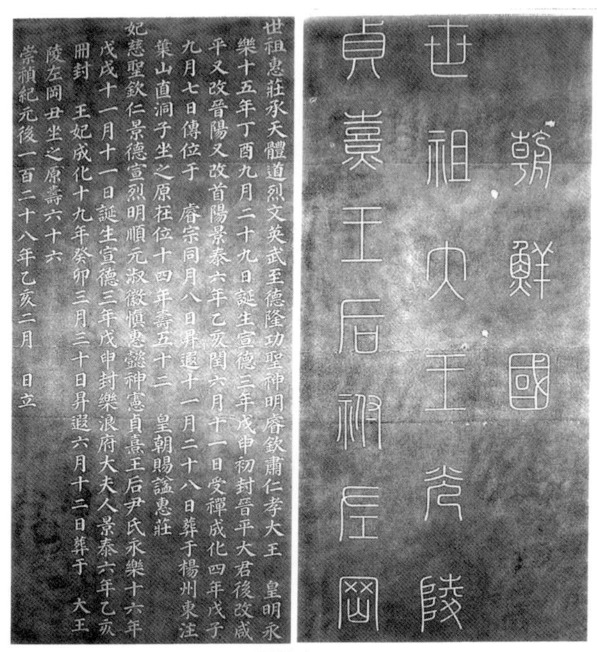

광릉 능표

쓰지 말라"는 세조의 유명에 따라 병풍석을 없애고 석실을 회격灰隔으로 바꾸었으며 12지신상을 난간 동자석주에 새겨넣었다. 광릉의 능제는 후세에 영향을 미쳐 석실대신 회격을 사용하고 병풍석을 설치하지 않는 능이 많아지게 되었다. 이러한 착상으로 광릉은 그림을 조각해 넣었지만, 이후부터 조선 말까지 문자로 12지를 표시하였으며, 나중에는 24방위를 난간에 새겨넣었다. 또한 신도비를 세우지 않고 능표만 세우는 등 검약하게 함으로써 산역에 동원되는 인력을 줄이고 비용을 절감하는 등 민폐를 덜게 하였다. 이때 줄인 인력은 6000명에서 3000명으로, 이로 인해 석재 운반과정 중에 일어나는 인명피해도 크게 감소하였다.

왕과 왕비의 능을 같은 묘역의 다른 언덕에 따로 배치하고 하나의

광릉 하마비

광릉 복고석 귀면

정자각을 두는 동원이강同原異岡의 형식이 이곳에서 비롯되었다. 이때까지는 왕과 왕비릉을 나란히 두고자 할 때 고려 현·정릉玄正陵식의 쌍릉이나 세종의 영릉英陵과 같은 합장형식을 취하였다.

능의 주변은 담장 대신 담을 둘렀으며, 능 앞의 석물은 이전의 능제와 비슷하다. 능에는 호석이 없고 난간석주만 둘렀으며, 그 주위에 호석 2쌍, 양석 2쌍이 각각 있으며, 봉분 앞에는 4개의 받침돌 위에 상석을 놓았다. 그 좌우로 망주석이 있으며, 상석 앞에 장대석, 장명등이 있다. 또한 장명등 좌우에는 문인석이 있고, 그 앞에는 마석이 있다. 그 아래로 장대석을 놓고, 무인석과 마석을 놓았다. 정희왕후의 능도 석물의 배치나 규모가 세조의 능과 비슷하다.

1755년(영조 31)에 세운 능표는 정자각 우측 비각 안에 있으며 장방형 대석과 병풍형 대석을 갖추고 있으며, 비신은 오석烏石으로 만들어졌다. 높이 148㎝, 폭 65㎝, 넓이 31.5㎝이다. 앞면에 '조선국 세조대왕 광릉 정희왕후부좌강朝鮮國 世祖大王光陵 貞憙王后祔左岡'이라 하였다.

⅄ 임금에게 붙는 '祖'와 '宗'은 어떻게 다를까?

조祖와 종宗 : 임금의 사후에 묘호廟號를 올릴 때 공功이 있는 임금에게는 조祖, 덕德이 있는 임금에게는 종宗을 붙이는 것이 원칙이다. 일반적으로 창업創業·중흥조中興祖나 난을 평정한 임금에게는 조祖, 수성守成의 임금에게는 종宗을 올린다. 조선 후기에는 조祖를 더 높이 보아 남발하는 경향이 있었다.

⅄ 왕릉 무덤의 종류는?

능陵 : 왕과 왕비, 추존왕과 추존왕비의 분묘.

원園 : 왕세자·왕세자비·왕세손·왕세손비 및 왕을 낳은 후궁의 분묘.

묘墓 : 제빈諸嬪 및 제왕자·공주·옹주와 폐위된 왕, 폐왕 생모의
　　　분묘.
총塚 : 왕릉급 규모의 무덤으로 피장자를 알 수 없을 때 붙이는
　　　명칭.

ㅅ 왕릉배치의 유형

단릉單陵 : 왕과 왕비의 봉분을 별도로 조성한 형식.
　　　　건원릉(태조) / 휘릉(제16대 인조 계비 장렬왕후 조씨)
　　　　/ 혜릉(제20대 경종 비 단의왕후 심씨)

쌍릉雙陵 : 동강이분同岡異墳, 같은 언덕에 왕과 왕비의 봉분을 나란
　　　　히 배치한 형식.
　　　　숭릉(제18대 현종과 명성왕후 김씨) / 원릉(제21대 영
　　　　조와 계비 정순왕후 김씨)

삼연릉三連陵 : 동강이분同岡異墳, 같은 언덕에 왕과 왕비, 계비의
　　　　봉분을 함께 배치한 형식.
　　　　경릉(제21대 헌종과 비 효현왕후, 계비 효정왕후 홍씨)

동원이강릉同原異岡陵 : 한 언덕의 다른 줄기에 별도의 봉분을 조
　　　　성한 형식.
　　　　현릉(제5대 문종과 현덕왕후 권씨) / 광릉(제7대 세조와
　　　　정희왕후 윤씨)

동원이강릉 변형 : 목릉(제14대 선조와 의인왕후 박씨, 계비 인목
　　　　왕후 김씨)

합장릉合葬陵 : 동분이광同墳異壙, 왕과 왕비를 하나의 봉분에 합장
　　　　한 형식.
　　　　수릉(추존왕 익종과 비 신정왕후 조씨)

○ 홍릉洪陵

소재지 : 남양주시 금곡동 141-1
사적 제207호

홍릉 ⓒ 윤종일

홍릉洪陵은 조선 제26대 고종高宗과 명성황후 민씨明成皇后閔氏의 능
이다.

고종은 1852년(철종 3) 7월 25일 영조英祖의 현손玄孫인 홍선대원
군興宣大院君 이하응李昰應의 둘째 아들로 태어났다. 1863년 철종哲宗이
후사없이 승하하자 익종翼宗의 사자嗣子로서 12세의 어린 나이에 즉
위하여 대원군이 10여 년을 섭정하였다. 1873년 대원군이 실각하고
고종이 친정하게 되자 정치의 실권은 명성황후와 그 일족이 장악하
게 되었다. 1897년 자주독립국가로 면모를 일신하고자 연호를 광무
光武, 국호를 대한大韓으로 선포하여 대한제국大韓帝國의 성립을 보게
되었다.

홍릉 전경 ⓒ 윤종일

홍릉 능표

1907년 일제日帝의 침략으로부터 국권을 보호하고자 헤이그에서 열린 만국평화회의에 밀사를 파견하였으나 성공하지 못하고 도리어 일제의 위협 속에서 양위하게 되었다. 고종은 재위 44년간 격동기 속에서 갑신정변, 동학농민전쟁, 청일전쟁, 을미사변, 아관파천, 러일전쟁, 대한제국 선포 등 왕조의 쇠퇴기에 밀려드는 제국주의 열강의 침략 속에서 나라를 지키고자 힘을 기울였으나 성공을 거두지 못하고 1919년 1월 21일 덕수궁 함녕전에서 67세를 일기로 승하하였다.

장례일인 3월 1일을 기해 전국적으로 3·1운

동이 일어났으며 같은 해 3월 3일 양주군 미금면 금곡리에 초장 봉 릉되었다.

명성황후 민씨는 여성부원군驪成府院君 민치록閔致祿의 딸로 1816년 (고종 3) 16세에 왕비로 책봉되어 1874년(고종 11) 순종을 낳았다. 고 종이 친정을 하자 명성황후가 실권을 잡았으나 임오군란 때는 충주 로 피난을 갈 정도로 정치역정이 순탄치 않았다.

1895년 8월 20일 경복궁景福宮에서 일본 낭인들에게 시해당하여 (을미사변) 1897년 11월 22일 홍릉(현 동대문구 청량리 임업시험장) 에 초장되었으며 1919년 1월 16일 현재의 위치로 천장하였다.

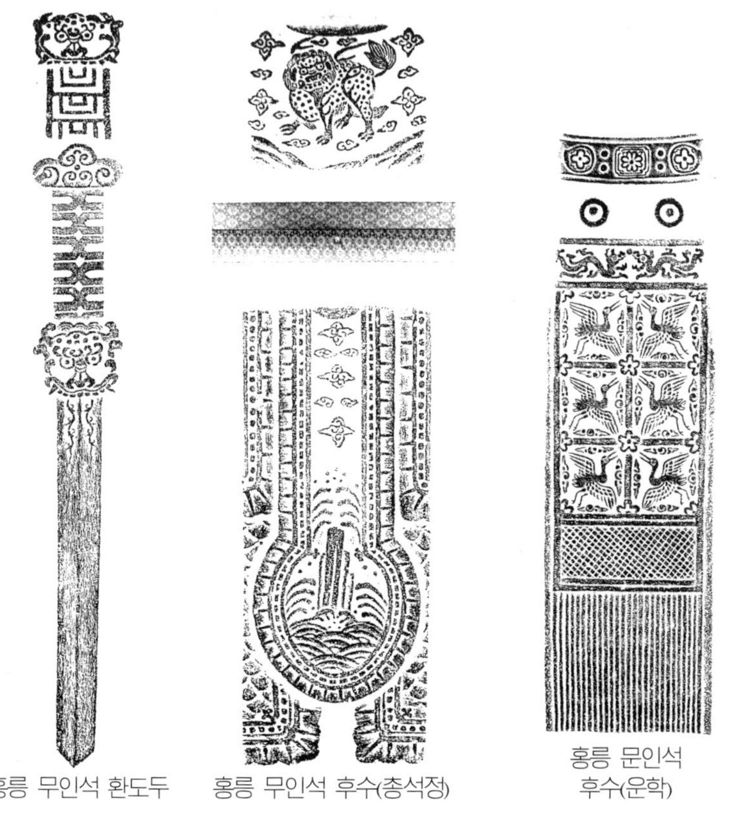

홍릉 무인석 환도두	홍릉 무인석 후수(총석정)	홍릉 문인석 후수(운학)

  홍릉 상설의 특징은 대한제국의 선포에 따라 황제가 됨으로써 일반
왕릉제도를 따르지 않고 능역조성도 명나라 태조 효릉孝陵의 묘제를
따랐으며 따라서 제후의 전례와 다른 구조물이 대폭 증설되었다. 즉,
기존에 배열되던 양과 호랑이 석조물 대신 능침 앞에서부터 기린, 코
끼리, 사자, 해치, 낙타 1쌍, 말 2쌍을 2단의 대석 위에 올려놓았다. 또
종래의 정자각丁字閣 대신 정면 5칸 측면 4칸의 일자형 침전寢殿을 세웠
으며 문인석과 무인석의 복색이 화려하다.

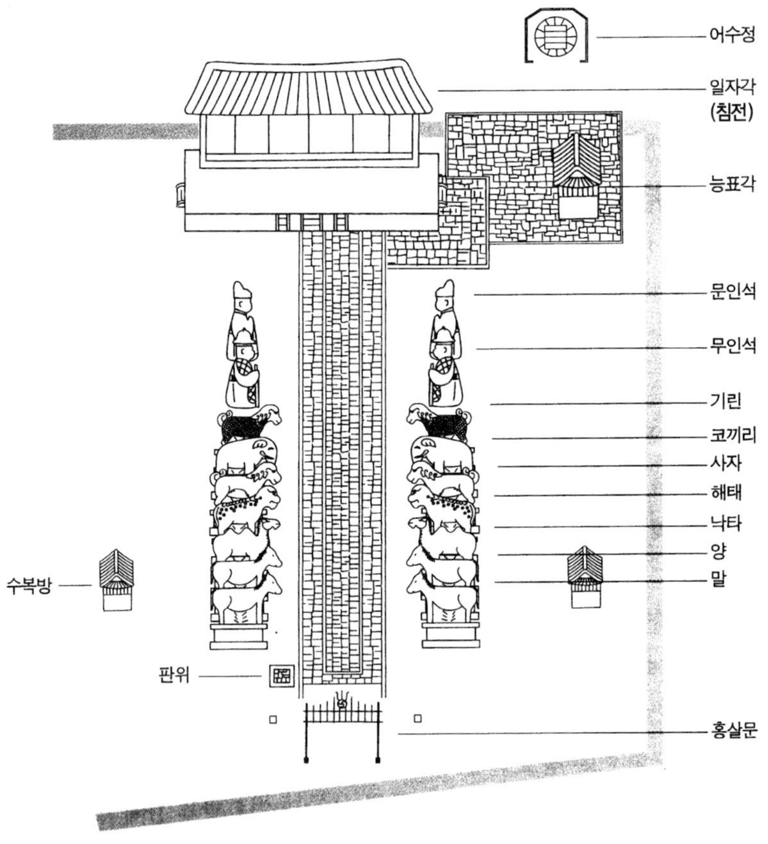

홍릉 상설도 1

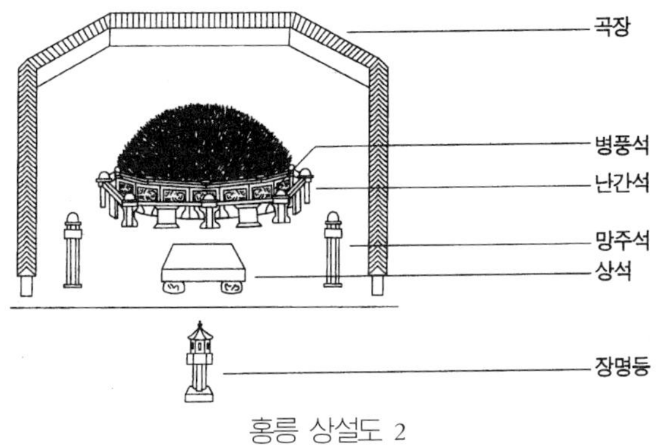

홍릉 상설도 2

홍살문紅箭門 : 일명 홍문紅門이라고도 하며 능陵, 원園, 묘墓, 묘廟, 사
　　　　　　찰, 서원 등의 입구에 세우는 붉은 칠을 한 목문木門이
　　　　　　다. 신성神聖 지역을 알리는 일종의 금문禁門으로 형태
　　　　　　는 30자 이상의 둥근기둥 2개를 세우고 상부에는 화
　　　　　　살형의 나무를 나란히 박아 놓았다. 왕릉의 홍살문
　　　　　　오른쪽에는 왕의 참제시에 홍살문 앞에서 내려 절을
　　　　　　하고 들어가는 판위가 있다.

판위 : 홍살문 옆에 전돌을 깔아놓은 한 평坪 크기의 정사각형의 터.
　　　　제사를 지낼 때 수릉관, 현관, 행측을 올리는 신하들
　　　　이 이곳에서 절을 네 번 한 후 들어갔고 나올 때도 네
　　　　번 절을 하였다. 평소 능을 참례하는 신하들은 배위拜
　　　　位에서 절을 올렸다.

참도參道 : 홍살문에서 정자각丁字閣까지 박석을 깐 참도가 길게 펼쳐
　　　　　져 있다. 참도의 왼쪽은 단을 약간 높여 깔았는데 영
　　　　　령이 다니는 신로神路이기 때문이다.

정자각丁字閣 : 정자각은 능원의 앞에 있는 제전祭展으로 형태가 '정
　　　　　　丁'자 모양을 하고 있어 붙여진 명칭이다. 좌우에 계
　　　　　　단이 설치되어 제향祭享 때 동입서출東入西出의 법식을

지킬 수 있도록 하였다. 일반적으로 정면 3칸과 측면 1~2칸 정도의 크기에 맞배지붕 양식으로 이루어져 있으며 실내에 신좌神坐를 설치하고 각종의 기제일에 의례를 행하였다.

침전 : 황제릉에는 '一'자형 전각을 세워 황제의 제사를 지낸다.

망료위望燎位 : 제례를 행할 때 축문 등을 태우는 곳. 소대. 예감이라고도 한다.

산신제석(정중석) : 왕릉에 제사를 올리고 난 후 능의 오른쪽에 있는 돌에서 산신제를 올린다.

수복방(수라간) : 제사를 지낼 때 제물을 마련하는 곳. 제사 그릇에 보관하고 능을 지키는 수능관 또는 수복을 지내던 곳이다. 왕이 승하하면 국장으로 장례를 치루고 탈상 때까지 대군, 공주, 군, 옹주, 문무백관들이 머물며 제사를 준비하던 집이다.

상설象設 : 석양石羊, 석호石虎, 상석床石, 혼유석魂遊石, 망주석望柱石, 장명등長明燈, 문인석文人石, 무인석武人石, 석마石馬 등을 통틀어 일컬음.

장명등長明燈 : 분묘 앞에 세우는 석등石燈의 일종. 등불이 들어가는 화사석火舍石은 사각 형태가 많으며 화창火窓을 내지 않고 형태만 취한 경우도 많다. 장명등의 기능은 묘역을 밝히는데 있으나 피장자의 신분을 표시하기도 한다. 사찰의 석등은 장명등과 달리 광명등光明燈으로 칭함.

망주석望柱石 : 무덤을 꾸미기 위하여 무덤 앞의 양옆에 하나씩 세우는 돌로 만든 기둥. 멀리서 바라보아 쉽게 알아볼 수 있도록 하기 위한 표석의 기능을 한다. 기둥에는 동물(다람쥐)이 조각되어 있으며 오른쪽은 위로 향하고, 왼쪽은 아래로 기어내려가는 모습이 조각되어 있다.

상석床石 : 능원이나 분묘의 봉분 앞에 설치해놓은 석물, 상석 아래
　　　　 에는 귀면鬼面 모양을 한 고석鼓石이 상석을 받치고 있
　　　　 는데 귀면 문양은 사악한 것을 경계하는 것임. 상석
　　　　 과 함께 설치되는 것으로 혼유석과 향로석이 있다.
혼유석魂遊石 : 능원에는 봉분 앞에, 일반 분묘에는 상석과 봉분 사이
　　　　 에 놓는 장방형의 돌로 영혼이 나와서 놀도록 마련한
　　　　 곳으로 근래에는 상석과 통용됨.
향로석香爐石 : 네다리를 형식적으로 새겨 향탁香卓 모양으로 깍아 상
　　　　 석 앞에 세우는 것.
호석護石 : 무덤의 외부를 보호하기 위하여 돌을 이용하여 만든 시설
　　　　 물. 통일신라 이후 장식적인 면이 강조되어 판석으로
　　　　 둘레돌을 세우고 그곳에 십이지신상十二支神像을 조각
　　　　 하여 무덤의 수호신 구실을 하게 하였음.
곡장曲墻 : 능묘를 보호하고 안정감을 주기 위해 봉분을 중심으로
　　　　 동·서·북쪽의 3면에 원장垣墻을 두르는데 본래 담
　　　　 을 둥글게 쌓았기 때문에 곡장이라 부름.

○ 유릉裕陵

소재지 : 남양주시 금곡동 141-1
사적 제207호

유릉 ⓒ 윤종일

유릉裕陵은 조선왕조의 최후를 맞은 제27대 순종純宗과 그 비妃인
순명효황후 민씨純明孝皇后閔氏 및 계비繼妃 순정효황후 윤씨純貞孝皇后
尹氏의 동릉삼실同陵三室 능이다.

순종은 고종의 둘째 아들이며 이름은 척拓, 자는 군방君邦이다.
1897년(광무 원년) 황태자로 책봉되고 1907년(광무 11) 즉위하여 연
호를 융희隆熙라 하였다. 재위 4년 동안 기울어져 가는 국가를 바로
잡으려고 하였으나 1910년 일제의 병탄으로 조선왕조의 종말을 맞
이하는 오욕을 당하였다. 이후 순종은 이왕李王으로 격하되었으며
1926년 4월 25일 창덕궁에서 53세를 일기로 승하하였다.

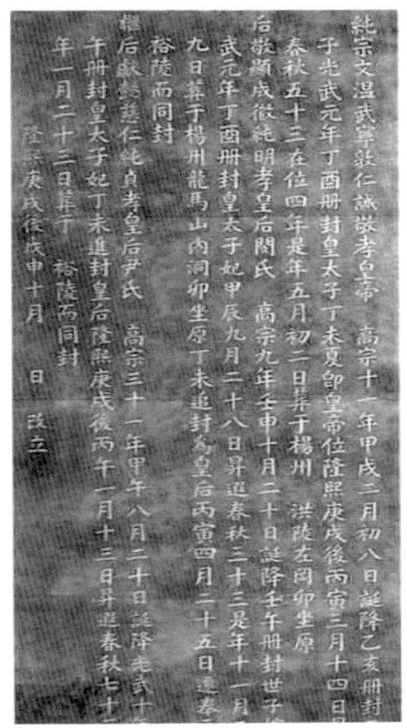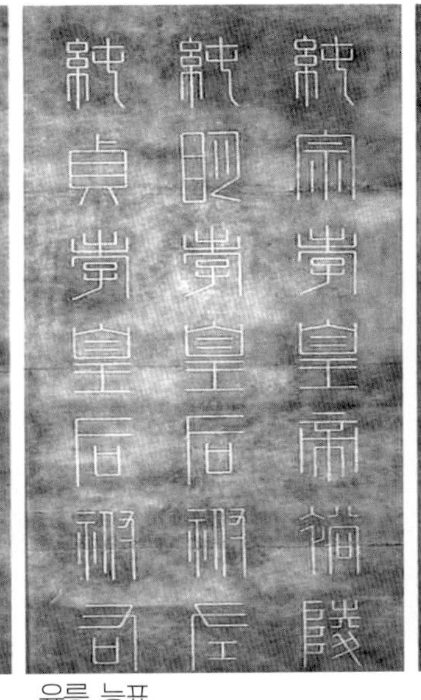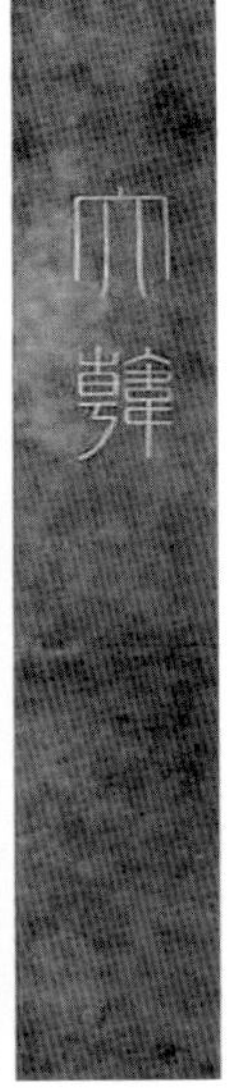

유릉 능표

　순명효황후는 여흥부원군驪興府院君 민태호閔台鎬의 딸로 1882년(고종 19) 11세로 세자빈으로 책봉되고 광무 원년 황태자비에 책봉되었으나 순종 즉위전 1904년(광무 8) 33세로 경운궁慶運宮에서 승하하였다. 처음에 양주군 용마산 내동기슭(현 어린이대공원)에 장사하였다가 순종의 승하와 더불어 금곡 유릉으로 이장하였다.

　계비 순정효황후는 해풍부원군海豊府院君 윤택영尹澤榮의 딸로 1892년(고종 29)에 출생하여 1906년(광무 10) 13세에 황태자비(계비)로 책봉되고 순종 즉위 후 황후가 되었다. 1910년 일제가 조선을 병탄하려고 하자 옥쇄를 감추기까지 하였으나 숙부인 윤덕영尹德榮에게 강제로 옥쇄를 빼앗기는 등 황후의 일생은 국망國亡과 함께 파란중첩의 생애였다. 그 후 불교에 귀의하여 슬픔을 달래면서 일제시대를 거쳐 광복 후에는 낙선재樂善齋에 기거했으며 한국전쟁 때에는 피난살이를 하는 등 황실에 대한 예우를 제대로 받지 못한 채 1966년 1

월 13일 72세를 일기로 창덕궁 낙선재에서 승하하여 1966년 유릉에 합장되었다. 능제는 홍릉과 같이 황제릉의 제도로 중국 명나라 태조의 효릉孝陵을 본따서 조영하였다.

그 제도를 보면 종래의 정자각 대신 정면 5칸, 측면 4칸의 침전을 세웠고 그 앞 양쪽으로 문·무인석을 세우고 홍살문까지 기린, 코끼리, 해치, 사자, 낙타 순으로 석수石獸를 세워 놓았다. 끝의 말 2필은 종래 문무인석 뒤에 배치하였던 것으로 판단된다.

| 유릉 무인석 후수 | 유릉 문인석 후수(운학) | 유릉 복고석 귀면 |

○ 사릉思陵

소재지 : 남양주시 진건읍 사릉리 산65-1

사적 제209호

사릉 ⓒ 윤종일

　사릉思陵은 조선 제6대 단종端宗의 비인 정순왕후 송씨(定順王后宋氏; 1439~1521)의 능이다. 왕비는 판돈녕부사 송현수宋玹壽의 딸로 1454년 (단종 2)에 15세의 나이로 왕비에 책봉되었고, 이듬해 수양대군首陽大 君이 왕위를 찬탈한 후 단종이 상왕上王이 되면서 의덕대비懿德大妃가 되었다. 그리고 곧 성삼문, 박팽년, 하위지, 이개, 유성원, 유응부 등 사육신의 단종복위운동으로 1457년(세조 3) 단종이 노산군魯山君으로 강봉되면서 왕비도 부인으로 강봉되어 함께 출궁되었다. 그 후 왕비 는 영월 청령포에 유폐된 단종을 그리워하며 한 많은 세월을 보냈 으며, 단종이 사사賜死된 후에는 동대문 밖 연미정동(현 서울특별시 동대문구 숭인동 청룡사)에 수간초옥을 지어 정업원淨業院이라 하고

사릉 전경 ⓒ 윤종일

칩거하면서 흰옷과 소복을 하고 매일 절 뒤 바위 정상에 올라 영월을 바라보면서 비통해 하였다.

사후에 왕비는 후사가 없기에 단종의 누이 경혜공주敬惠公主가 출가한 정씨鄭氏 가족묘역에 묻혔고 위패도 정씨가鄭氏家에서 모시게 되었다. 1521년(중종 16) 82세를 일기로 별세하자 왕이 대군부인의 예로 장례케 하였고 1698년(숙종 24) 단종복위와 정순왕후로 추상되어 종묘에 배향되었고 묘를 높여 사릉이라 하였다. 정순왕후의 신위는 단종이 신위와 함께 창경궁에 봉안되었다가 종묘 영령전에 봉안되었다. 그 후 영조는 '정업원구기淨業院舊基'의 다섯 자를 친서하여 비와 비각을 정업원터에 건립케 하고 바위봉우리 정상에 있는 바위에 '동망봉東望峰'의 3자를 친필로 새겨 넣었다.

석물石物제도는 장릉莊陵과 마찬가지로 난간석과 무인석이 없는 양식으로 주위에는 곡장이 돌려져 있으며, 난간석이 생략된 봉분 앞에 상석과 장명등이 놓여 있고, 망주석, 문인석, 석마가 한 쌍씩 세워져 있다.

사릉 묘역은 수십 년생 소나무로 둘러싸여 있어 정순왕후의 애틋한 그리움을 후세에 전해주고 있는 듯하다. 1984년에는 사릉의 소나무 두 그루를 영월 단종 능인 장릉莊陵에 옮겨 심어 두 분의 한 맺힌 넋을 풀어 주고자 하였다.

사릉 능표

○ 순강원順康園

소재지 : 남양주시 진접읍 내각리 150외
사적 제356호

순강원 원경 ⓒ 윤종일

　조선 제14대 왕인 선조宣祖의 후궁 인빈 김씨仁嬪金氏의 묘소이다.
인빈 김씨(仁嬪金氏, 1555~1613)는 본관이 수성隋城이며 감찰 김한우
金漢佑의 딸로 인조仁祖의 아버지 정원군定遠君을 낳았으며 1613년(광
해군 5) 59세로 별세하였다. 인조가 즉위한 후 생부인 정원군을 대
원군大院君으로, 다시 원종元宗으로 추존하였으므로 인빈의 묘역을
순강원이라 높여 칭하게 되었다. 신위는 칠궁七宮 내에 있는 저경궁
儲慶宮에 봉안되어 있다.
　봉분에는 화강암의 해태와 양석洋石이 있고, 봉분 앞에는 묘표, 상
석, 향로석, 동자석, 망주석, 혼유석 2매, 문인석, 석등, 마석 등 다수

의 석물을 배치하고
있다. 묘표는 장방형
의 비좌와 비신 및
팔작지붕 형태의 옥
개석을 갖추고 있다.
　묘의 앞쪽에는 정
면 3칸, 측면 2칸의
정자각이 있으며, 그
우측에는　팔작지붕
형태의　원표각園標閣
이 있다. 원표는 1771

인빈 김씨 묘 ⓒ 윤종일

년(영조 47)에 건립된 것으로 장방형의 비좌와 오석의 비신 및 옥개
석을 갖추고 있다. 원표의 앞면은 전서로 '유명조선국 경혜인빈순강
원有明朝鮮國　敬惠仁嬪順康園'이라 새겨져 있다. 거대한 규모의 화강석
귀부와 대리석 비신 및 이수를 갖춘 신도비는 1636년(인조 14)에 건
립되었는데 장유張維가 글을 짓고, 의창군義昌君 광珖이 글을 썼으며,
신익성申翊聖이 전서篆書하였다. 또한 비각과 재실터, 정자각 등이 있
다. 묘 좌측에는 인빈 김씨의 둘째 아들 신성군信城君의 묘와 신도비
가 있다.

순강원 복고석 귀면

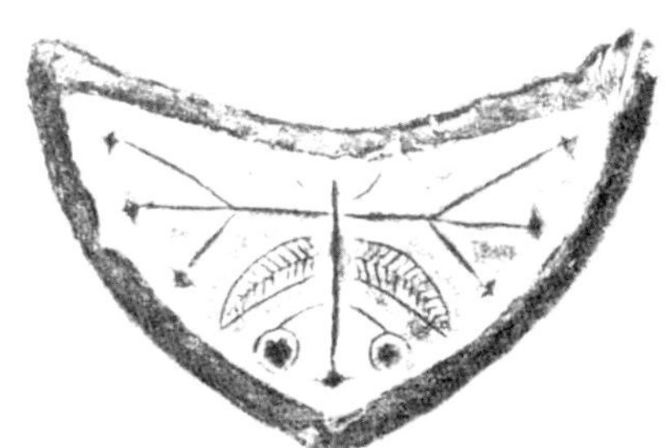

순강원 곡장 기와 문양

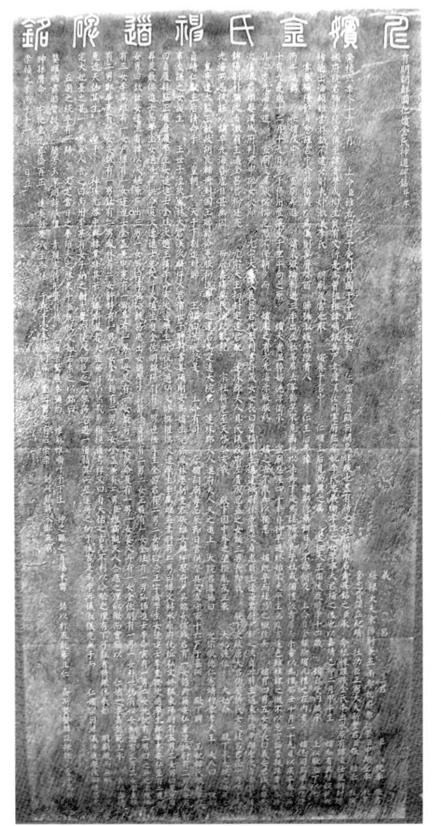

순강원 신도비

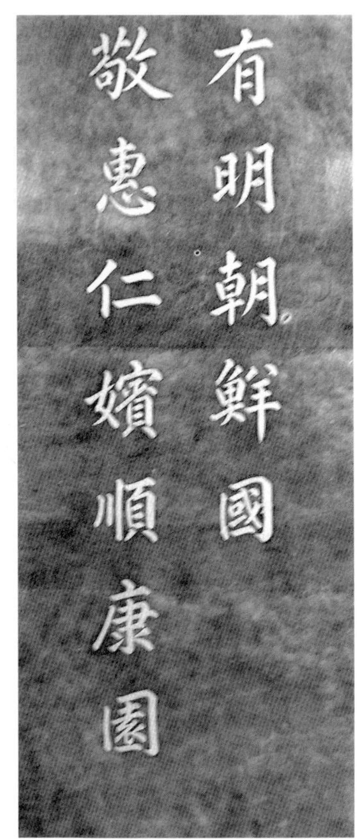

순강원 원표

○ 휘경원徽慶園

소재지 : 남양주시 진접읍 부평리 267외

사적 제360호

휘경원 전경 ⓒ 윤종일

휘경원徽慶園은 조선 제22대 정조正祖의 후궁이며 순조純祖의 생모인 수빈 박씨綏嬪朴氏의 묘소이다.

수빈 박씨(綏嬪朴氏, 1770~1820)는 1770년(영조 46) 좌찬성 박준원朴準源의 셋째 딸로 출생하여 1787년(정조 11) 후궁 간택에 첫째로 뽑혀 그 해 3월에 궁궐에 들어가 정조正祖의 은총을 받아 순조純祖와 숙선옹주淑善翁主를 낳고 수빈綏嬪에 봉해졌으며 가순궁嘉順宮이란 궁호宮號를 받았다. 1822년(순조 22) 12월 창덕궁 보경당寶慶堂에서 별세하였다.

이에 현목顯穆이라는 시호를 올리고 묘소를 휘경원이라 정한 후

수빈 박씨 묘 ⓒ 윤종일

양주 배봉산拜峰山 아래 －지금의 동대문구 휘경동 일대－에 묘역을 정하였다. 1855년(철종 6) 묘소를 남양주 순강원 오른편으로 옮겼다가 풍수지리상 부적당하다 하여 1863년(철종 14) 현재의 위치로 천장하였다. 조선시대 역

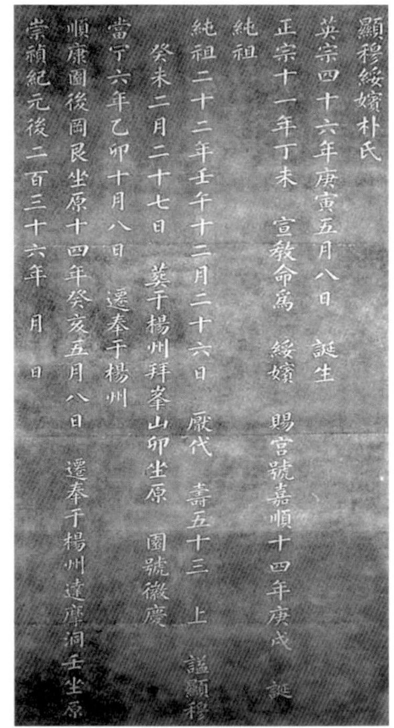

顯穆綏嬪朴氏
英宗四十六年庚寅五月八日 誕生
正宗十一年丁未 宣敎命爲 綏嬪 賜宮號嘉順十四年庚戌 誕
純祖
純祖二十二年壬午十二月二十六日 薨代 壽五十三 上 謚顯穆
癸未二月二十七日 葬于楊州拜峯山卯坐原 園號徽慶
當宁六年乙卯十月八日 還奉于楊州
順康園後岡辰坐原十四年癸亥五月八日 還奉于楊州遠庫洞壬坐原
崇禎紀元後二百三十六年 月 日

휘경원 원표

대 왕이나 왕으로 추존된 이
의 생모인 일곱 후궁의 신위
를 모신 칠궁(七宮; 서울특별시
종로구 궁정동 소재) 내의 경우궁
景祐宮에 그 신위가 봉안되어
있다.

　현재 묘소에는 앞면에 '유
명조선국현목수빈휘경원有明朝
鮮國顯穆綏嬪徽慶園'이라 쓰여진
원표와 정자각, 장명등, 석마 등
이 남아 있다.

휘경원 정자각 계단 오태극

○ 광해군光海君 묘

소재지 : 남양주시 진건읍 송릉리 산59

사적 제363호

광해군 묘 ⓒ 김준호

광해군(光海君; 1609~1622 재위)은 조선 제15대 왕으로 선조宣祖와 후궁 공빈 김씨恭嬪金氏 사이의 둘째 아들로 이름은 혼琿이다. 광해군은 1608년 34세의 나이로 즉위하였으나 재위 15년간 정치적 문제에 휘말리다가 인조반정으로 폐위되어 군君으로 강등되었다. 이후 강화를 거쳐 제주에서 유배생활을 하다 67세를 일기로 타계하였다.

광해군은 뒷날 반정주도세력이 조선 후기 집권층의 주류로 확고하게 위치를 굳힘에 따라 오랫동안 폭군으로 역사에 기록되었으나 근래에는 당쟁의 소용돌이 속에서 희생되었다고 보는 시각이 등장하여 많은 공감을 얻고 있다.

실제로 인조반정仁祖反正은 서인
세력이 폐모살제廢母殺弟라는 윤리
문제와 대명의리大明義理를 명분으
로 내세웠지만 거국적인 지지를
받지는 못하였다. 광해군은 임진
왜란으로 황폐화된 상황에서 전후
복구노력을 기울이고, 명明과 후금
後金 사이에서 실리를 위주로 한
중립외교를 통해 국익을 지켰으며
대동법大同法과 같은 중요한 정책
을 실시한 국가 재조再造의 군주로
평가할 수 있다.

광해군의 실각은 조선후기 사회
에 정치사상적으로 큰 영향을 끼
쳤는데 대청對淸 강경노선이 지속

광해군 묘표 ⓒ 김준호

광해군 묘표

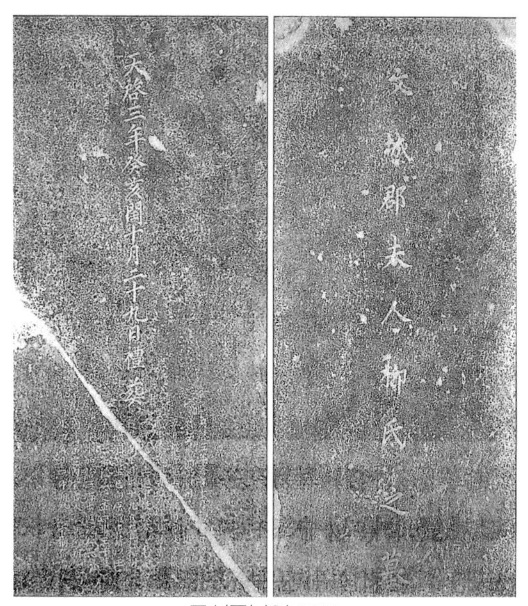

문성군부인 묘표

되고 조선중화주의朝鮮中華主義가 전개되는 직접적인 계기가 되었던 것이다.

광해군 묘역은 광해군과 문성군부인 유씨文城君夫人 柳氏와 쌍분으로 되어 있으며 대군大君의 장례에 준하였기 때문에 석물이 없이 간소하게 되어있다.

3면의 곡장 안에는 상석, 장명등, 향로석, 망주석, 문인석 등의 석물이 있다. 특히 묘표 2기의 관석冠石 부분 앞뒤에 각기 일월상日月像이 조각되어 있어 이채롭다.

☒ 왕족의 칭호는?

대군大君 : 임금의 적자, 임금의 형제.

군君 : 임금의 서자庶子, 세자의 중자衆子, 대군의 적장자嫡長子, 세자의 중손衆孫, 폐위된 임금.

☒ 칭원법稱元法

왕의 원년元年을 기산起算하는 방법. 왕이 승하하면 바로 왕위계승이 이루어지기 때문에 전왕前王의 훙년薨年 즉 사망한 해와 계왕繼王의 즉위년이 중복되기 마련이다. 삼국시대에는 유월칭년법踰月稱年

法 즉 전왕前王이 죽은 다음달부터 신왕新王의 원년元年으로 보았다. 그러나 고려·조선시대에는 유년칭년법踰年稱年法을 적용하여 전왕前王의 사망 다음해를 신왕新王의 원년元年으로 하였다. 따라서 연표에는 즉위년과 원년이 구분되어 나타나고 있다.

○ 성묘成墓

소재지 : 남양주시 진건읍 송릉리 산55
사적 제365호

공빈 김씨 묘 ⓒ 김준호

성묘 복고석 귀면 ⓒ 김준호

조선 제14대 왕인 선조宣祖의 후궁 공빈 김씨恭嬪金氏의 묘이다.

공빈 김씨(恭嬪金氏, 1553~1577)는 사도시 첨정司䆃寺僉正을 지낸 김희철金希哲의 딸로 1574년(선조 7)에 임해군臨海君을, 1575년(선조 8)에 광해군光海君을 낳았으며 광해군이 세 살 때 사망하였다. 선조의 뒤를 이어 광해군이 즉위하자 추숭하여 자숙단인 공성왕후慈淑端仁恭聖王后로 삼고 전호殿號를 봉자奉慈라 하였다. 인조반정仁祖反正으로 광해군이 폐위되자 공빈恭嬪도 같이 서인庶人으로 강등되었고 능호陵號도 성릉成陵에서 성묘成墓로 바뀌게 되었다.

현재의 묘역은 3면에 곡장이 둘러져 있으며 봉분 주위에는 난간석이 둘러져 있다. 봉분 주위 양쪽에는 해태와 양석이 각각 2개씩 있고, 봉분 앞에는 상석, 망주석, 문인석, 장명등, 무인석, 마석이 배치되어 있다.

성묘 무인석 ⓒ 김준호

○ 안빈묘安嬪墓

소재지 : 남양주시 진건읍 송릉리 산66
사적 제366호

안빈 이씨 묘 ⓒ 윤종일

　　조선 제17대 왕인 효종孝宗의 후궁 안빈 이씨安嬪李氏의 묘이다.
　　안빈 이씨(安嬪李氏, 1623~1693)는 공조참의에 추증된 이응헌李應憲의 딸로 1623년(인조 1)에 출생하였다. 병자호란 후 1637년(인조 15)에 봉림대군鳳林大君(효종孝宗)이 청나라 심양에 인질로 갈 때 같이 갔다가 1645년에 귀국하였으며 숙녕옹주淑寧翁主를 낳았다. 1693년에 사망하였는데 숙종肅宗이 안빈安嬪으로 진호進號하였다.
　　봉분은 화강석 기단을 두고 곡장을 둘렀으며 봉분은 왕족이라는 신분에 비해 초라한 모습으로 병풍석이 생략되는 등 전체적으로 볼 때 조촐한 묘제를 취하고 있다. 상석 앞 측면에는 면류관을 쓴 높이 98cm의 동자석이 세워져 있는 점이 특이하다. 그리고 그 앞에는 망주석과 문인석이 각각 1쌍씩이 있다. 문인석과 문인석 사이의 중앙에는 장명등이 있다.

비의 앞면에는 '조선국안빈경주이씨지묘朝鮮國安嬪慶州李氏之墓'라 새겨있고, 뒷면에는 사위인 박필성이 쓴 '숭정갑신후오십일년갑술 여서금평위박필성 근식崇禎甲申後五十一年甲戌　女壻錦平尉朴弼成　謹識'이 있다.

안빈 이씨 묘표 ⓒ 윤종일

○ 영빈寧嬪 묘

소재지 : 남양주시 진접읍 창현리 175
사적 제367호

영빈 김씨 묘 ⓒ 윤종일

조선 제19대 숙종肅宗의 후궁인 영빈 김씨寧嬪金氏의 묘이다.

영빈 김씨(寧嬪金氏, 1669~1735)는 조선 19대 왕인 숙종(肅宗, 1661~1720)의 후궁으로 안동安東 청음清陰 김상헌金尙憲의 증손 성천부사 김창국金昌國의 딸이다.

숙종은 인경왕후仁敬王后·인현왕후仁顯王后·인원왕후仁元王后 세 분의 왕비에게서 후사가 없는 반면 다섯 명의 후궁 중 희빈 장씨禧嬪張氏와의 사이에서 경종(景宗, 1688~1724)과, 숙빈 최씨淑嬪崔氏에게서 영조英祖를 보았고, 명빈 박씨榠嬪朴氏에서 연령군延齡君을 보았을 뿐 영빈 김씨와 숙의 유씨淑儀劉氏로부터는 왕자王子를 생산生産치 못하였다. 인현왕후 민씨仁顯王后閔氏는 사가私家에서 가장 가까운 안동 김씨安東金氏 가문家門에서 규수를 추천하여 후궁後宮을 삼으니 이분이 영빈 김씨이다.

1689년(숙종 15) 희빈 장씨의 의도대로 기사환국己巳換局이 일어나니 인현왕후를 폐하고 그 측근 영빈 김씨도 서인이 되었다. 장씨 소생이 왕세자王世子에 책봉되고 10월에 희빈 장씨는 왕비가 되었

영빈 김씨 묘표 ⓒ 윤종일

다. 억울함을 당한 인현왕후와 영빈 김씨는 5년 뒤인 1694년(숙종 2) 3월 갑술옥사甲戌獄事로 인하여 4월에 다시 왕비와 빈으로 복위되고 왕후 장씨는 다시 희빈이 되고 말았다. 공교롭게도 같은 해(1701)에 인현왕후 민씨는 병으로 승하하고 희빈 장씨는 사사賜死되었다. 희빈 장씨 소생 경종(1720~1724)은 병약하여 4년 만에 승하하니 이복동생(숙빈 최씨 소생)인 영조(1694~1776)가 계승하였다. 영조는 연잉군延礽君 시절에 알뜰히 보살펴 준 영빈 김씨에 대한 효심이 지극하였으니 대하는 것이 친어머니와 같았다.

1735년 영빈 김씨가 사망하자 영조는 "선조대왕의 후궁은 다만 이 한사람만 남았다. 일찍이 인현성모와 더불어 기사면에 환란을 만

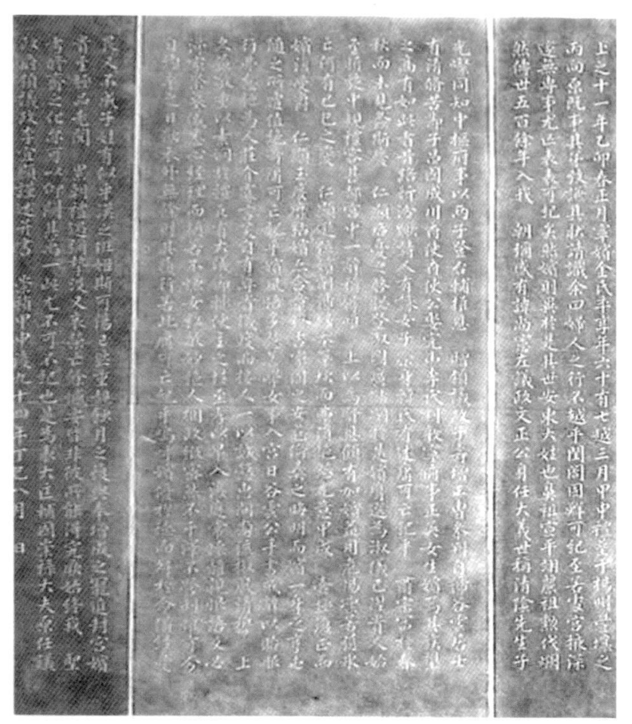 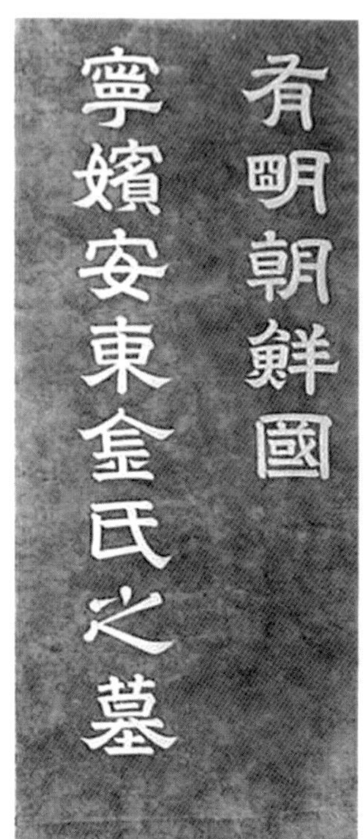

영빈 김씨 묘표

영빈묘 장명등 모란

낳었다가, 갑술년 성모께서 복위되었을 때에 그도 또한 복작되었다. 내가 어렸을 때에 항상 어머니라고 일컬었는데 지금 그 상을 당한 소식을 들으니 슬픈 감회를 억누르지 못 하겠다"라고 할 정도였다.

묘역에는 3면에 곡장이 둘러져 있으며 앞에는 묘

비, 계체석, 혼유석, 상석, 향로석, 망주석, 문인석, 장명등이 있다.
　비의 앞면에는 '유명조선국영빈안동김씨지묘有明朝鮮國寧嬪安東金氏之墓'라 쓰여 있다.

천연기념물

○ 광릉 크낙새 서식지

소재지 : 남양주시 진접읍 부평리 산100-1
천연기념물 제11호

광릉 숲 ⓒ 윤종일

　광릉 크낙새 서식지인 광릉 숲은 남양주시 진접읍과 의정부시, 포천군의 내촌면과 소흘면에 걸친 약 2204ha의 광대한 면적의 임야로 한국 제일의 원시림을 자랑하고 있는 산림의 보고이자 동식물의 낙원이다. 1468년 조선조 세조와 그의 비 정희왕후가 묻힌 광릉의 능림陵林으로 지정된 이후 조선조 460여 년간을 두고 철저하게 관리되어 작은 잡초까지도 채취가 금지되어 왔으므로 산림이 울창하고, 크낙새가 서식할 수 있는 큰 나무들이 많이 산재해 있으며, 1993년 말 현재 전체 숲의 54%를 천연림이 차지하고 있다. 우리나라 대부분의 산림이 전쟁 또는 벌채 등으로 인해 훼손된 후 다시 생성된 2차림인데 반하여 광릉 숲은 460여 년간 능림으로 철저히 관리되다가 1922년 시험장이 설립되면서 시험림으로 지정 보존되었다. 이러한 이유로 인해 광릉 숲은 국내외의 학자들에 의해 주목을 받고 있다.

광릉 숲의 임목축적량은 세계에 내놓아도 손색이 없을 만큼 높으며, 이 숲에서 자라는 수목들은 대체로 70년 이상의 수령을 지니고 있고, 또한 다양한 종류의 동식물이 서식하고 있다. 이 가운데는 천연기념물로 지정된 것과 희귀동물이 많이 포함되어 있다.

광릉 숲에 사는 새 가운데 가장 잘 알려진 새는 크낙새로, 천연기념물 제197호로 지정되어 있을 뿐만 아니라 국제자연보존연맹(IUCN)이 지정한 적색자료목록에 올라 꼭 보호해야 하는 새로, 세계에서 유일하게 한국에서만 살고 있다. 예전에는 대마도에도 살고 있었으나, 1930년대 이후 발견된 바가 없고, 오직 광릉 숲과 설악산에만 살고 있는 것으로 알려지고 있다. 1993년 이후 몇 년간 발견되지 않다가 최근에 다시 발견되고 있다.

○ 양지리 향나무

소재지 : 남양주시 오남읍 양지리 532-1
천연기념물 제232호

양지리 향나무 ⓒ 윤종일

향나무는 상나무·노송나무로도 불리며, 우리나라 중부 이남을
비롯해 울릉도와 일본, 중국 등에 분포한다. 향나무는 강한 향기를
지니고 있어 제사 때 향을 피우는 재료로도 쓰이며 정원수·공원수
로 많이 이용되고 있다. 향나무 목재는 조각재, 가구재, 향료 등으로
이용된다.

양지리 향나무는 수령이 약 500살 정도로 추정되며, 높이 12.2m,
가슴높이 둘레 3.65m이다. 나무의 형태는 원줄기가 2m 정도 올라가
서 7개로 갈라져 사방으로 뻗어있다. 양지리 향나무는 연산군의 부

인 신씨의 조부인 신전愼銓이 화를 당해 이곳으로 피신해 살다 하직하자 자손들이 묘소의 위치를 표시하기 위해 심은 나무가 자란 것으로 전해지고 있다. 그 옆에는 거창 신씨의 사당인 양산재陽山齋가 옆에 자리하고 있으며, 신씨의 내력에 관한 비석이 있다.

양지리의 향나무는 우리 민족이 조상을 섬기는 민속문화를 알 수 있는 자료가 될 뿐만 아니라, 향나무로서는 오래되고 큰 나무로서 생물학적 보존가치가 매우 크다.

○ 여경구 가옥呂卿九家屋

소재지 : 남양주시 진접읍 내곡리 286

중요민속자료 제129호

여경구 가옥 ⓒ 윤종일

이 가옥은 여경구의 장인 이덕승의 8대조가 약 250여 년 전에 지었다고 하지만 대략 18세기의 가옥구조를 반영하고 있다. 집의 평면은 日자형으로 서쪽 측면에 문이 있고 각 건물들이 연결되지 않고 각각 떨어져 배치되어 있는 것이 특징이다. 대문채·안채·사랑채·사당이 비교적 옛 모습을 잘 지니고 있다. 집은 마을에서 제일 높은 산기슭의 동남향에 자리잡고 있으며, 대문은 서북향의 솟을대문이고 그 좌우에 외양간과 행랑방이 있다. 대문을 들어서면 넓은 마당과 산기슭 쪽으로 동남향한 사랑채가 있다. 사랑채는 간반통簡半通의 4칸 반 규모로 안쪽에는 반 칸의 툇마루가 있고 서쪽 끝의 반 칸은 툇마루를 없앴다. 큰 사랑방 2칸·마루 한 칸·작은방이 한 칸이고 뒤쪽으로 쪽마루와 벽장을 만들어 놓았다. 사랑채 맞은편 마당 끝에는 헛간채가 있었다고 하며 마당의 동편에 안채가 있다. 사랑채와 안채는 모두 자연석의 높은 기단 위에 자리하고 있으며 높은 초석에 네모기둥이고 납도리집이다. 사랑채와 안채는 기단의 높이·건물의 크기가 같으며 단지 사랑채가 약간 앞으로 나왔을 뿐이다.

안채 일곽은 L자형의 곳간채와 T자형의 안채가 LT형으로 형성되었고 안채는 동남향이다. 안채에 들어서려면 먼저 곳간채 귀퉁이에 설치된 중문을 통하여야 한다. 안채는 특색있는 평면구성을 하고 있다. 즉 동남향한 부분에 2칸 넓이의 대청이 있고 그 서쪽에 2칸의 방이 있다. 방 앞에는 툇마루가 있어 대청과 연결되고 대청의 동편에는 2칸 크기의 안방이 있다. 대체로 경기도 중부지역에서는 안방이 대청의 서편에 있는데 이 집에서는 그 반대쪽인 동편에 자리잡고 있다. 안방에 이어 동편으로는 한 칸짜리 방 2개와 헛간 한 칸이 부설되어 있다. 2개의 방 앞에는 안방과 이어지는 쪽마루가 있어 다니기에 편리하게 되어 있다. 이러한 뒷방 역시 보기 드문 경우로 이 집의 특징이라 할 수 있다. 안방의 남쪽에는 3칸 넓이의 부엌이 있다.

사당은 사랑채 뒤편으로 한단 높은 터에 따로 두었는데 반오량半五梁의 가구법架構法과 좌우의 꽃담을 쌓은 반벽의 구성이 특이하다. 처마는 홑처마이고 지붕은 기와를 이은 맞배지붕이다. 특히 반담을 쌓은 기법은 주목할 만하다. 즉 하방에서 작은 돌을 켜에 따라 쌓되, 돌의 크기를 일정하게 하지 않고 화장줄눈을 주어서 열롱무늬의 맛을 약간 풍기게 한다. 그리고 그 위에 지네발 마루는 수키와만으로 지었고 그 위에 암기와를 사용했다.

⅄ 여경구 가옥 평면도

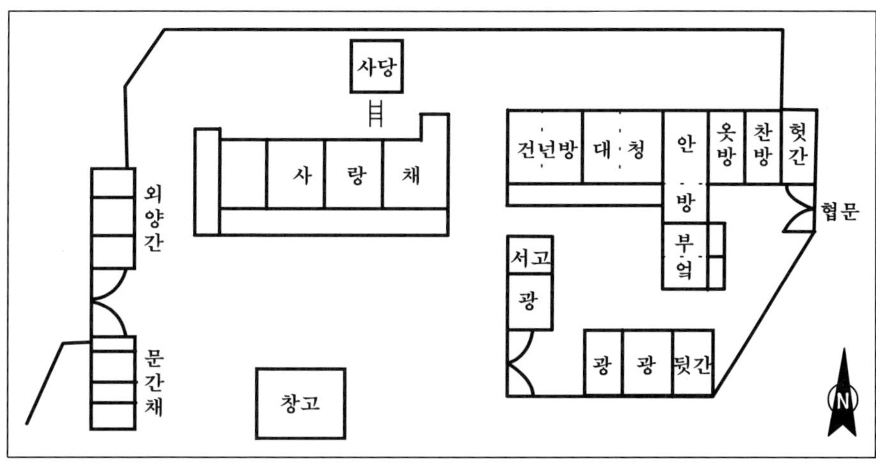

○ 궁집

소재지 : 남양주시 평내동 426-1
중요민속자료 제130호

궁집 ⓒ 윤종일

　궁집은 조선 후기의 건축물로 영조英祖의 12녀인 화길옹주和吉翁主
가 능성위綾城尉 구민화具敏和에게 시집가자 왕이 지어준 집으로 나라
에서 재목과 목수를 보내어 완성하게 하였기 때문에 궁집이라는 별
호가 생겼다.
　안채는 전형적인 ‘ㅁ’자형으로 당시의 전형적인 안채의 평면구성
을 보이고 있다. 부엌 4칸, 대청 4칸, 방 3칸, 툇마루 한 칸으로 구성
되어 있다. 정침 좌우의 날개는 방과 곳간이고 남행랑에는 곳간과
중문이 설치되어 있다. 중문은 2칸으로 만들어 내외벽을 구성하였
다. 사랑채는 안채의 서남쪽에 있는데 ‘ㄱ’자형의 평면으로 방 2칸
이외에는 모두 마루를 깔았고 서남쪽으로 내루內樓 한 칸이 부설되
어 있다. 또 이러한 유형의 집들은 세워진 시기를 밝히기가 어려운

데 이 집은 화길옹주
가 출가하여 죽을 때
까지 거처했을 것이
므로 건축연대가 확
실하다는 점에서 학
술적 가치가 크다.

초가草家는 궁집의
일을 거들던 아랫사
람들이 거처하던 집
이라고 하는데 초가
라고 하지만 조성은
매우 담대하면서 견
실하다.

궁집 전경 ⓒ 윤종일

특히 가옥 전체가 산기슭에 위치하고 있어 자연을 활용한 조경이
돋보이는 전통 정원문화 자료의 하나이다. 예전에 문간채가 있었음
직한 자리에 소나무가 두 그루 있으며 사랑방 앞에도 정원수들이
심어져 있다.

뒤뜰에는 감
나무·앵두
나무·오동
나무·철
쪽·회양
목·호두나
무 등이 자
라고 있으며
뒷산은 밤나
무 숲이다.

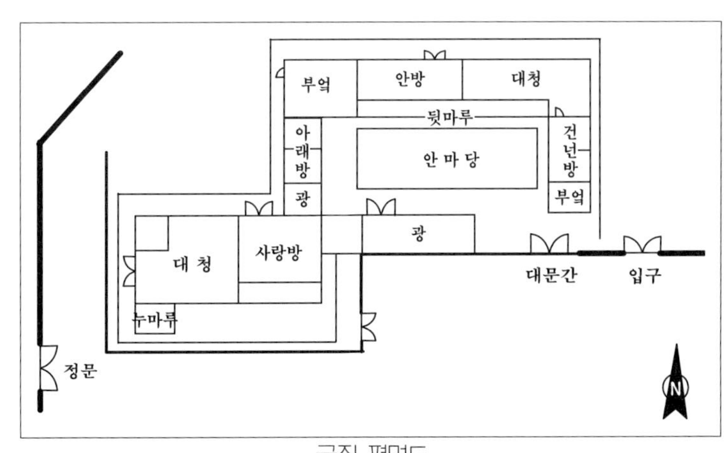

궁집 평면도

○ 수종사 8각5층석탑

소재지 : 남양주시 조안면 송촌리 1060

유형문화재 제22호

수종사 경내에 있는 조선 초기의 8각5층석탑은 높이 336㎝이다. 이 탑의 원래 위치는 불이문不二門 동쪽 경사진 곳이었는데 본래 수종사 경내에서 동쪽으로 벗어난 언덕진 곳에 있던 것을 1970년에 대웅전과 선불장選佛場 사이로 옮겨왔다. 일명 '수종사 다보탑'으로 유명한 이 탑은 세조 때 중창 불사를 하며 만든 듯하다. 팔각원당형으로 지대석을 4각으로 하고 그 위로는 모두 8각으로 조성하였다. 이중의 기단석으로 상·하 기단석 각 면마다 2구씩의 안상이 새겨져 있으며 기단부의 하대석과 상대석

수종사 8각5층석탑 ⓒ 김준호

수종사 동종 ⓒ 김준호

에도 안상과 함께 단판單瓣의 복련과 앙련을 각각 선각에 가깝게 부
조했다. 특히 하단석은 상·하로 선을 둘러 안상과 구분하고 구름무
늬를 단순화한 기하학적 연속무늬를 조각하였다. 옥신석은 위로 올
라갈수록 체감률은 심하지만 안정감을 준다. 옥개석은 낙수면과 전
각이 부드럽고 경쾌하게 반전되고 안쪽은 수평을 이루며 옥개받침
은 3층으로 되어 있다. 각 층 옥개석의 모서리 끝마다 마다 풍경을
달도록 되어 있다. 상륜부의 복발·앙화·수연·보주 등은 훼손되
지 않고 온전하며 매우 아름답고 안정감을 주는 탑이다. 1957, 1970
년에 탑의 여러 부분에서 금동불감, 목조불감 및 목조불상, 금동불
보살상 등 조선시대의 유물이 발견되었다. 탑의 건립 연대는 알 수
없으나 출토된 불상과 관련하여 1459~1493년에 건립된 것으로 추
정하고 있는데 이와 거의 같은 모습의 8각7층탑이 인근 남양주시
와부읍 월문리의 묘적사에 있어 주목된다.

ᚷ 알고가기

탑塔 : 처음에는 부처의 진신사리眞身舍利를 모신 경배의 대상이었
      으나 사찰의 중심이 본존불을 모산 금당金堂으로 옮겨짐
      에 따라 가람을 구성하는 한 조형물로 바뀌게 되었다. 흔
      히 탑파塔婆라고도 함.

부도浮屠 : 부도는 묘탑을 지칭하는데 일반적으로 불사리佛舍利와
      관련된 묘탑을 탑 또는 사리탑이라 부르고 고승의 사리
      또는 유골을 안치한 묘탑은 부도라 호칭한다. 불탑과 구
      분되게 단층의 건물형식을 취하고 탑과는 달리 통상 절의
      외곽에 설치한다. 팔각원당형八角圓堂形, 종형鐘形, 복발형覆
      鉢形, 이형異形이 있음.

○ 불암사佛巖寺 경판經板

소재지 : 남양주시 별내면 화접리 797

유형문화재 제53호

불암사 경판

불암사에는 『석씨원류응화사적책판[釋氏源流]』 외에도 『금강경』, 『십이마하반야밀다경』, 『약사경』, 『대승무량수장엄경』, 『부모은중경』, 『묘법연화셩』 등을 포함한 31종 총591매의 자작나무 경판이 있는데 크기는 그 유형에 따라 다르나 대형은 64x34.5cm이고 소형은 47x23cm정도 되며 양단에 나무를 끼워서 판목의 균제均齊를 기하였고 목재는 재질이 부드럽고 연한 자작나무를 사용하였다.

글씨는 힘있고 정교하며 판서板書는 그 조법彫法이 매우 섬세하여 조선판화의 우수성을 과시하고 있다. 이 경판들은 대개 1635년(인조 13)과 179년(정조 19)에 간행되었는데. 이들이 불암사에 보관되었던 점에서 그 당시 불암사의 사격이 매우 높았음을 알 수 있다. 이 경판은 불교문화와 조선시대 목판인쇄문화 연구의 좋은 자료가 된다.

불암사 전경 ⓒ 윤종일

불암사 장경각 ⓒ 윤종일

<h1 style="text-align:center">불암사 경판 목록</h1>

경판명	현존 판 수	간기刊記
석씨원류釋氏源流	212	강희십이년계축추경기양주지불암사개간 康熙十二年癸丑秋京畿楊州之佛巖寺開刊(1673)
금강반야바라밀경 金剛般若波羅密經	9	.
금강반야바라밀경	9	.
금강반야바라밀경	8	건륭삼십삼년무자칠월일경기양주목천보산불암사개간 乾隆三十三年戊子七月日京畿楊州牧天寶山佛巖寺開刊(1768)
금강반야바라밀경	18	.
금강반야바라밀경	1	.
불설십이마하반야바라밀다경佛說十二摩詞般若波羅密多經	1	건륭삼십삼년무자칠월일경기양주목천보산불암사개간 乾隆三十三年戊子七月日京畿楊州牧天寶山佛巖寺開刊(1768)
불설장수멸죄호제동자다라니경佛說長壽滅罪護諸童子陀羅尼經	11	.
약사유리광여래본원공덕경藥師瑠璃光如來本願功德經	8	.
증정경신록增訂敬信錄	46	상지십구계건륭을묘모춘개간양주천보산불암사장판 上之十九季乾隆乙卯暮春開刊楊州天寶山佛巖寺藏板(1795)
불설대승무량수장엄경佛說大乘無量壽莊嚴經	15	〃
불설안택신주경佛說安宅神呪經	4	〃
진언요초眞言要抄	19	〃
불설천지팔양신주경佛說天地八陽神呪經	13	〃
불설대보부모은중경佛說大報父母恩重經	6	〃
불설고왕관세음경佛說高王觀世音經	2	〃
불설조왕경佛說竈王經	3	〃
불설명당신경佛說明堂神經	1	〃

존설인과곡尊說因果曲	11	〃
지경영험전持經靈驗傳	17	〃
권선곡勸禪曲	6	〃
참선곡參禪曲	5	〃
수선곡修善曲	2	〃
경신록언석敬信錄諺釋	45	〃
불설수생경초 佛說壽生經抄	2	상지이십계가경병진계동개간양주천보산불암사장판 上之二十季嘉慶丙辰季冬開刊楊州天寶山佛巖寺藏板(1796)
불설산왕경佛說山王經	1	광서신사개간양주천보산불암사장판 光緒辛巳開刊楊州天寶山佛巖寺藏板(1881)
지장보살본원경언해 地藏菩薩本願經諺解	46	서건륭삼십년을유중춘상완 ⋯ 우치구서 序乾隆三十年乙酉仲春上浣 ⋯ 禹治九書(1765)
지장보살본원경 地裝菩薩本願經	1	·
불설팔만대장경목록 佛說八萬大藏經目錄	1	·
불설팔만대장경목록	1	
불설대보부모은중경 佛說大報父母恩重經	14	강희이십육년정묘추천보산불암사개간(康熙二十六年丁卯秋天寶山佛巖寺開刊):1687
묘법연화경妙法蓮華經	16	·
수륙무차평등재의찰요水陸無遮平等齋儀撮要	16	·
천지명양수륙재의찬요天地冥陽水陸齋儀纂要	17	·

출전 : 박상국, 『전국사찰소장목판집』, 문화재관리국, 1987.

○ 한확韓確 선생 신도비

소재지 : 남양주시 조안면 능내리 산69-5

유형문화재 제127호

한확 신도비각 ⓒ 김준호

한확(韓確, 1403~1456)은 1403년(태종 3)에 출생하여 1456년(세조 2) 사망하였는데 자는 자유子柔이며 호는 간이제簡易齋, 시호는 양절襄節이다. 누이가 명나라 성조成祖의 후궁[麗妃]이 되니 명에 들어가 벼슬[光祿寺小卿]을 지내면서 수차 왕래하여 국교를 원활히 하였다. 세조 때 정난공신靖難功臣이 되었고 뒤에 서원부원군西原府院君에 봉해졌다. 세조世祖 원년 사은사謝恩使로 연경燕京에 들어가 세조의 왕위 찬탈을 양위讓位로 성조成祖를 설득시켰다. 귀국도중에 객사하니 세조 묘정에 배향되었다. 둘째딸은 덕종德宗의 비妃이며 성종成宗의 모후인 인수대비仁粹大妃이다.

신도비는 장방형의 화강암재 비좌 위에 대리석으로 된 비신과 이수를 올려놓은 형태이다. 비좌는 2중의 기단을 만들고 그 위에 올려놓았는데 상부에는 복판의 연화문을 새겼고 아랫부분은 2층으로 나누어 각각 안상문眼象文을 새겼다. 쌍룡을 조식한 이수는 그 문양이 섬세하며 쌍룡을 중심으로 주위에 운문雲文이 새겨져 있다.

한확 묘 전경 ⓒ 김준호

비문은 어세겸魚世謙이 글을 지은 것으로서 비문 상단에는 전액篆額으로 '양절한공신도비명襄節韓公神道碑銘'이라고 쓰여 있다. 비문 끝에 '홍치8년8월弘治八年八月'이라는 연기年記가 있어 비의 건립 연대는 1495년(연산군 원년)으로 타계한지 39년 후의 일이다. 비문은 마모가 심하여 판독하기 어렵다.

묘소 주변에는 묘비와 장명등, 문인석, 망주석 등의 석물이 배치되어 있다.

한확 묘 문인석 ⓒ 김준호

신도비神道碑 : 신도비는 피장자被葬者의 가계家系와 공업功業 등을 기록한 비로, 정2품 이상의 관직을 역임하고 공업功業 과 학문이 뛰어나 후세의 사표師表가 될 때에는 군왕 보다도 위대할 수 있는 일이라 하여 신도비를 세워 기리도록 하였다.

묘표墓表 : 무덤 밖에 세우는 표석表石. 죽은 사람의 사적事蹟·덕 행을 새겼으며 관직官職의 유무나 고하에 관계없이 세 울 수 있음. 본래 구분이 있었으나 묘비墓碑, 묘갈墓碣 과 통용하게 되었음.

묘지墓誌 : 피장자被葬者의 성명, 생몰연월일시, 관직, 행적, 분묘의 방위 등을 현실玄室의 벽에 적거나 벽돌·석관·도판 陶板에 새겨 무덤 속이나 앞에 묻는데 그 글을 묘지墓 誌 또는 묘지명墓誌銘이라하고 판은 지석誌石이라 함.

○ 수종사水鐘寺 부도浮屠

소재지 : 남양주시 조안면 송촌리 1060

유형문화재 제157호

1459년 태종태후太宗太后의 발원
에 의해 유씨와 세종의 여섯째 금
성대군錦城大君 유瑜가 시주자가 되
어 정의옹주貞懿翁主의 사리를 봉
안하기 위해 조성된 팔각원형 형
식을 취하고 있는 부도이다.

이 부도의 높이는 238㎝로 동쪽
불이문不二門 밖 산비탈에 있던 것
을 1939년 현 위치로 옮기면서 해
체 중수하였다. 이때 복장에서 유
물이 나왔다. 지대석은 4각 돌 네
개를 합쳐 4각의 지대석을 만들고
각 면마다 당초무늬로 장식되어
있다. 기단석은 8각으로 2중 기단
석을 취하였으며 하층 기단석은

수종사 정의옹주 부도 ⓒ 김준호

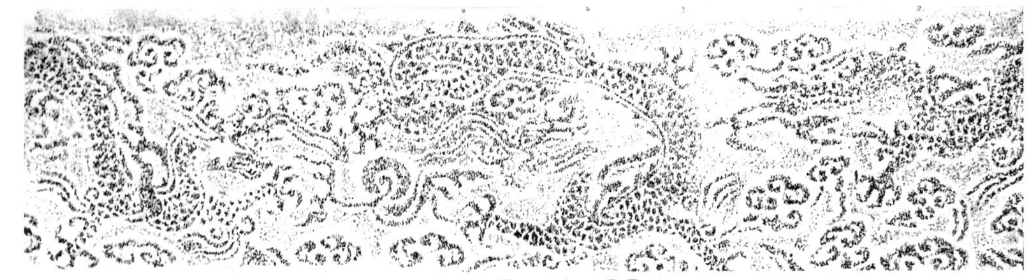

수종사 정의옹주 부도 운용문

수종사 일주문 ⓒ 김준호

각 면마다 단판의 복련과 앙련이 마주하고 모서리 상단에 두꺼비 8
마리를 조각해 놓은 것도 이채롭다. 상층 기단석은 각 면마다 상·
하로 구분하고 또 좌·우로 나누어 하단에는 인동당초문 두 점을
그려 넣었다. 상단에는 국화문을 실감나게 조각하였다. 원통형 탑신
의 둘레가 218㎝로서 운룡문이 화려하게 새겨져 있다. 두 마리의 용
은 여의주를 움켜쥐고 구름을 뚫고 힘차게 비상하려는 자세이다. 옥
개석은 8각으로 고선과 반전이 부드럽고 14.5㎝의 두꺼운 낙수면에
31자의 명문이 여섯 면에 새겨져 있다. 상륜부에는 복발이 올려져
있고 그 위에 앙화와 보주를 한 돌로 조각하여 올려놓았다.

⅄ 알고가기

공주公主 : 정실 왕후正室王后가 낳은 임금의 딸.

옹주翁主 : 임금 후궁後宮 소생의 딸.

군주郡主 : 왕세자의 적출녀嫡出女.

현주縣主 : 왕세자의 서출녀庶出女.

○ 봉선사奉先寺 괴불掛佛

소재지 : 남양주시 진접읍 부평리 255
유형문화재 제165호

봉선사 괴불은 1735
년(영조 11) 상궁尙宮 성
애性愛가 영빈 김씨(寧嬪
金氏, 1669~1735)를 위하
여 화사畵師 학총學聰 등
에게 의뢰해 제작한 작
품이다.

1735년(영조 11) 영빈
김씨가 별세하니 상궁
이성애는 괴불을 제작
하여 기념하고 그의 명
복을 빌었다. 시주는 상
궁 이성애이며 이는 인
현왕후 또는 영빈 김씨
의 상궁이거나, 영빈에
게 효성을 다한 영조의
상궁으로 사료된다. 영
빈의 묘는 봉선사와 지
근 거리인 진접읍 장현
리에 있다.

대형 화면에 비로자
나삼신불毘盧舍那三身佛의

봉선사 괴불

龍王, 龍女, 天童 6위, 天女 2위

입상立像을 꽉 채워 그렸으며 허리를 중심으로 상하 2단 구도를 취하고 있다. 아래 부분 오른쪽에 지혜의 상징인 문수보살文殊菩薩과 왼쪽에 덕의 상징인 보현보살普賢菩薩이 배치되고 그 중간에 여러 면의 주악천인상奏樂天人像이 그려져 있다. 비로자나불을 비롯한 여러 인물들의 묘사는 턱과 볼이 완만하여 덕스러움을 잘 표현하였으며 작은 눈과 꽉 다문 입에서 지혜안智慧眼을 느낄 수 있다. 어깨선을 수평이 되게 묘사함으로써 곧 움직일 듯한 긴장감을 연출하였고, 생사를 윤회하는 인과를 표현한 삼도三道를 묘사하고 있으며, 지권인智拳印을 함으로써 중생과 부처, 미혹함과 깨달음이 본래는 하나라는 이치를 제시하고 있다.

주불主佛인 비로자나불과 왼쪽의 석가모니불釋迦牟尼佛의 머리는 정계상頂髻相을, 천의天衣는 단순화를 한 대신, 오른쪽의 노사나불盧舍那佛의 머리는 대단히 화려한 보관寶冠을, 의습 역시 화려하게 장식하였다. 묵선墨線은 태선太線을 조화롭게 구사하여 신선함을 주고 있

봉선사 괘불 화기畵記

으며 힘 있고 활달한 필
치는 운동감을 느끼게 한
다. 천의의 윤곽은 한 순
간도 정지됨이 없이 이어
지는 노련함과 의준衣皴의
입체감 표현이 일품이다.
　채색은 불화에서 거의
보기 드문 담묵담채淡墨淡
彩로 처리하고 있어 희귀
성이 있는 작품으로 주조
색은 황색·연녹색·연청
색·밝은 홍색 등 화사한
색깔이다. 조선 후기 불화
의 도식적 의도를 배제한
작품으로, 불필요한 형식
이나 과장된 장식에서 탈
피함으로써 신비감과 신
선함을 주는 걸작으로 평
가된다.

普賢菩薩, 大勢至菩薩, 阿難, 須菩提尊者

文殊菩薩, 觀世音菩薩, 迦葉, 舍利弗尊者

6·25전쟁 때 괘불
은 아미타불상과 함
께 인근 말사의 야외
법회에 나가 훼손을
모면하였다.

○ 신재 한상경韓尙敬 영정

소재지 : 남양주시 진접읍 금곡리 785
유형문화재 제166호

한상경(韓尙敬, 1360~1423)은 고려
말 조선 초의 문신으로, 조선의
건국에 기여한 개국공신이다. 자
는 숙경叔敬·경중敬中, 호는 신재
信齋, 본관은 청주淸州, 판후덕판사
修脩의 아들이다. 1382년(우왕 8)
문과에 급제한 뒤 예의좌랑·우
정언·전리정랑·예문관응교·
공부총랑·종부시령 등의 벼슬을
거쳐, 1392년(공양왕 4) 밀직사우
부대언으로 승진하였다. 같은 해
태조 이성계를 도와 조선 건국에
공헌하여 익재개국공신 3등에 책
록되고 중추원도승지에 임명되
었다.

1396년 첨서중추원사·도평의
사사에 올랐고, 충청도 관찰사를
역임한 후 서원부원군西原府院君에

신재 한상경 영정

봉해졌다. 1399년(정종 1) 경기좌도관찰사를 역임하고, 이듬해 태종
이 즉위하자 참지의정부사가 되었다.

그 뒤에도 풍해도와 강원도의 도관찰사·공조판서·지의정부
사·대사헌 등 여러 관직을 두루 역임하고, 1412년(태종 12) 호조판

한상경 묘역 ⓒ 윤종일

서에 올랐다.

그 후 참찬의정부사·이조판서를 역임하였으며, 1415년 서원부원군西原府院君에 피봉되어 우의정을 거쳐 이듬해 최고직인 영의정에 이르렀다. 관직에 있을 때 늘 청렴하였고 사람을 기용하는데 공정하였으며, 생활이 검소하고, 특히 서예에 능하였다. 시호는 문간文簡이다.

기념물

○ 다산 정약용丁若鏞 묘

소재지 : 남양주시 조안면 능내리 산75-1

기념물 제7호

정약용(丁若鏞, 1762~1836)이 태어나고 또 세상을 떠났던 곳은 경기도 남양주시 조안면 능내리 마현馬峴마을이다. 그는 조선 후기의 실학자로 자는 미용美鏞·송보頌甫, 호는 다산茶山·

정약용 묘 ⓒ 윤종일

삼미三眉·여유당與猶堂·후암侯庵, 본관의 나주羅州로 어려서 주로 부친으로부터 경사經史와 시문詩文을 배웠다. 1789년(정조 3) 식년문과式年文科에 갑과甲科로 급제하고 가주서假注書, 검열檢閱, 지평持平, 수찬修撰을 거쳐 1794년 경기도 암행어사를 지냈고 이듬해 동부승지·병조참의가 되었으나 주문모周文謨 사건에 연루되어 금정찰방金井察訪으로 좌천되었다. 그 뒤 형조참의에 올라 규장각 편찬 사업에 참여하였다. 1799년 공서파功西派로부터 서학문제로 탄핵을 받자 자명소自

다산 생가 여유당 ⓒ 윤종일

明疏를 올리고 사직했으며 1801년(순조 원년) 신유박해에 연루되어 장기長鬐로 유배된 뒤에 다시 황사영 백서 사건黃嗣永帛書事件으로 강진에 이배移配되었다. 유배지의 다산 기슭에 있는 윤박尹博의 산정에서 19년간 경서학에 전념, 학문적인 체계를 완성하고 많은 저술을 했으며 1818년(순조 18) 이태순李泰淳의 상소로 풀려나 고향 마현馬峴으로 돌아온 후 여생을 학문연찬에 바쳤다. 그는 실학의 대가로 주자학적인 실천윤리와 북학北學의 사상을 흡수하여 집대성하는 등 500여 권에 이르는 저서를 남겼다. 그가 쓴 책들은 의학·역학·물리·기계·대수·천문·지리·역사·법률·정치·경제·군사·언어·문학 등을 망라하고 있다. 그 중에서도 『경세유표經世遺表』, 『목민심서牧民心書』, 『흠흠신서欽欽新書』는 1표2서라 호칭되며 천하국가를 경영하고 민생을 다스리는 드높은 경륜을 담고 있는 저술이다. 특히 그는 농업을 중시하여 환곡제 철폐, 군포

다산 정약용 동상 ⓒ 윤종일

제 철폐, 사유토지의 공유화 등 농정개혁안을 제시하고, 궁극적으로
자립적인 자영농을 육성하여 국가와 농민을 모두 부유하게 하고자
하였다. 1910년(융희 4) 규장각奎章閣 제학提學에 추증, 시호는 문도文
度이다.

다산묘역에는 다산생가가 복원되어 있으며, 다산기념관 등이 설
치되어 있다. 묘 앞에는 상석과 1959년에 세운 묘비 2기와 자연석에
여유당이라 쓴 비 1기가 있다.

다산은 스스로 지은 묘지명墓誌銘에서 자신의 삶에 대한 긍지를
이렇게 표현하고 있다.

왕의 총애를 한몸에 안고서는
궁궐의 가장 은밀한 곳에서까지 모셨으니
정말로 임금의 심복이 되어
아침 저녁으로 참으로 가까이 가 섬겼도다.

하늘의 총애로 타고난 바탕은
못난 충심을 갖게 해주셨기에
정밀하게 육경을 연구해내서
미묘한 이치로 해석해 놓았노라.

간사하고 아첨하는 무리들이 세력을 잡았지만
하늘은 버리지 않고 옥과 같이 곱게 성장시키려 하였으니
시체를 잘 거두어 꼭꼭 매장해 둔다면
앞으로 높이높이 멀리까지 들추리라.

○ 흥선대원군興宣大院君 묘

소재지 : 남양주시 화도읍 창현리 산22-2

기념물 제48호

흥선대원군 묘 ⓒ 김준호

흥원 표석 ⓒ 김준호

흥선대원군 이하응(李昰應, 1820~1898)은 고종高宗의 생부로 1820년(순조 20)에 출생하여 1898년(고종 35)에 사망하였다.

1843년(헌종 9)에 흥선군興宣君에 봉해지고 1863년 고종이 즉위하자 대원군大院君에 진봉되었다. 대왕대비 신정왕후 조씨神貞王后趙氏의 수렴청정이 발표되자 권력을 장악하고 안동 김씨의 세도정치를 쇄신하였으며, 당색과 신분·출생지를 초월하여 인재를 등용하고 부패한 관리를 척결하였다. 이외에도 서원철폐·법

전편찬·비변사 폐지 등 여러 사회적·정치적 개혁을 단행하였다. 외세로부터 나라를 지키려는 쇄국정책으로 유명하다. 1907년 대원왕大院王에 추봉, 시호는 헌의獻懿이다.

대원군 묘소는 1978년 기념물로 지정되었다. 원래는 고양군(1898) 공덕리에 있었으나 1906년(광무 10)에 파주군 대덕리로 천장하였고 근래(1966)에 다시 현재의 장소로 옮겼다.

묘제는 조선능원제도에 따른 듯하나 간략한 형식이다.

흥선대원군 신도비 ⓒ 김준호

봉분의 규모는 높이 2.6m, 둘레 20.3m로 호석을 둘렀다. 봉분 주위에는 석호와 석양을 갖추었으며 봉분을 중심으로 원장垣墻을 쌓았다. 봉분 앞은 망주석, 문인석, 석마 등 석물이 배치되어 있고 중앙에 장명등이 있다.

묘 입구에 '국태공원소國太公園所'라는 원표園標가 있고 계단에 태극문양이 있다.

대원군의 신도비는 묘소 전방 우측 약 25m 지점에 위치해 있는데 오석烏石으로 크기는 총 높이 325㎝, 비 높이 225㎝, 너비 68㎝, 두께 44㎝이다. 비면은 탄흔彈痕으로 훼손이 심하며 비문은 김학진金鶴鎭이 글을 짓고, 이재극李載克이 썼으며, 비의 앞면에는 '대한헌의대원왕흥원신도비명大韓獻懿大院王興園神道碑銘'이라 쓰여 있다.

⋊ 알고가기

대원군大院君 : 조선시대 왕이 형제나 자손 등 후사가 없이 죽고 종친 중에서 왕위를 계승하는 경우, 신왕의 생부生父에 대한 호칭. 대원군이란 명칭은 선조의 아버지 덕흥군을 덕흥대원군으로 추존追尊한 데서 비롯되어, 이후 4인이 대원군에 봉封하여 졌다.

부원군府院君 : 조선시대 임금의 장인國舅 또는 정1품 공신에게 주던 칭호. 일반적으로 받는 사람의 본관인 지명을 앞에 붙임.

○ 덕흥대원군德興大院君 묘

소재지 : 남양주시 별내면 덕송리 산5-13
기념물 제55호

덕흥대원군 묘 ⓒ 김준호

 덕흥대원군(德興大院君, 1530~1559)은 중종中宗의 제7자로 어머니는
창빈 안씨昌嬪安氏인데 1530년(중종 25)에 출생하여 1559년(명종 14)
에 세상을 떠났다. 본명은 초岹이며 자는 경앙景仰이다. 9세에 덕흥
군에 책봉되고 1567년 셋째 아들 하성군河成君 균釣이 즉위하자 1569
년(선조 2)에 대원군으로 추존되었다. 여기서 대원군제의 시원을 엿
볼 수 있다. 대원군은 30세의 나이로 세상을 떠났는데 학문과 덕이
뛰어났고 남다른 예지와 경륜을 펼쳤다.
 대원군 묘역은 사성莎城으로 둘러져 있으며 봉분의 규모는 높이
1.9m, 둘레 15.7m로써 바깥쪽에는 호석을 축조하였다. 봉분의 전면
에는 묘비와 상석, 망주석, 석등, 문인석 등이 갖추어져 있는데 묘비
는 대리석으로 규모는 높이 168cm, 너비 54cm, 두께 18cm이다. 비의

덕흥대원군 신도비 ⓒ 김준호

앞면에는 '덕흥대원군묘 하동부대부인정씨지묘德興大院君墓河東府大夫人鄭氏之墓'라는 명문이 있다.

신도비는 묘소 전방 약 20m 지점에 위치하고 있는데 재료는 대리석이며 규모는 총 높이 350cm, 비 높이 196cm, 너비 80cm, 두께 27cm이다. 이수와 귀부는 화강암이며 비의 건립연대는 1573년(선조 6)이다. 비문은 홍섬洪暹이 글을 짓고 송인宋寅이 썼는데, 비의 상단에 '대원군지비大院君之碑'라 새겨져 있고, 비제는 '유명조선국덕흥대원군신도비병명有明朝鮮國德興大院君神道碑幷銘'이다.

덕흥대원군 문인석 ⓒ 김준호

O 류량柳亮 선생 묘

소재지 : 남양주시 조안면 시우리 산26

기념물 제78호

류량 묘 ⓒ 김준호

류량(柳亮, 1355~1416)은 고려 말 조선 초의 문신으로 자는 명중明仲, 본관은 문화文化이다. 고려 밀직사 계조繼祖의 아들이다.

1382년 문과에 급제하여 판종부시사判宗簿寺事를 거쳐 1388년(우왕 14) 전라도안렴사全羅道按廉事가 되고, 1390년(공양왕 2) 형조판서가 되었다.

1392년 이조전서로 있을 때 조선 개국에 협력한 공으로 개국원종공신開國原從功臣에 봉해졌고, 1397

류량 묘비 ⓒ 김준호

류량 신도비 ⓒ 윤종일

년(태조 6) 계림부윤으로 있을 때 왜구가 침입하자 이를 토벌하였으나 포로를 놓쳐버린 일로 합산合山에 유배되었다.

후에 풀려나와 1400년 참화삼군부사參和三軍府事로서 제2차 왕자의 난에서 방간芳幹 일파를 평정한 공으로 1409년 좌명공신左命功臣 4등에 책록되고 문성군文城君에 봉해졌다. 1413년 부원군府院君에 진봉進奉되었으며, 1415년 우의정右議政에 임명되었으나 병으로 사임했다. 시호는 문경文景이다.

선생 묘소는 시우리의 고래산 능성의 동남향 하단에 위치해 있다.

봉분은 장방형으로 삼단의 호석을 둘렀는데 '우상류량지묘右相柳亮之墓'라는 명문이 새겨져 있다.

봉분의 규모는 높이 160cm, 가로 330cm, 세로 530cm이며 부인의 묘와 쌍분으로 우측이 부인 연인 이씨의 묘이다.

묘비는 2기가 있는데 규모는 모두 높이 117cm, 너비 39cm, 두께 18cm로 재료는 화강암이다. 앞면의 명문은 각각 '조선국좌명공신문성군익충경공문화류량지묘朝鮮國左命功臣文成君謚忠景公文化柳亮之墓', '정부인연안이씨지묘貞夫人延安李氏之墓'로 되어있다.

묘 앞에 묘비가 있고 묘비 앞에는 상석이 놓여 있다.

상석 전방에는 방형의 장명등이 있고 장명등을 중심으로 좌우에는 망주석望住石과 문인석文人石 등의 석물이 갖추어져 있다.

신도비는 묘소 아래에 있는데 규모는 높이 220cm, 너비 59cm, 두께 25cm이다.

근처에는 선생의 사당과 제실祭室이 갖추어져있다.

봉분은 장방형의 쌍분으로 되어 있고 묘비, 상석, 향로석, 혼유석, 묘갈, 장명등, 문인석, 망주석이 있다. 신도비는 귀부와 비신, 이수를 갖추고 있다.

○ 수석리 토성水石里土城

소재지 : 남양주시 수석동 산2-2

기념물 제94호

수석리 토성 ⓒ 윤종일

　수석리 토성水石里土城은 남양주시 수석동에 위치하고 있다. 이
토성은 한강변의 해발 82.3m의 야산에 위치하고 있는 토축성으로
수석리에서 서쪽으로 아차산峨嵯山이 보이고 남쪽으로는 이성산二
聖山이 보이며, 마을 앞에는 미음나루가 있는 전략적 요충지이다.
이 지역은 한 때 한강의 수로로 인하여 상당히 번성했던 마을이라
고 한다.

　성지城址는 일면 토미재라고도 불리는 산 정상부에 있는데, 전체
둘레는 140.5m이고 직경은 남북이 37.5m, 동서가 49.3m인 반월형의
테뫼식 토성이다. 이 성은 특별히 토축土築을 만들었다기 보다는 산

정상부를 삭토削土하여 만든 것으로 보이며 높이는 4∼5m정도이다. 즉 삼국시대 성城 중에서 백제시대의 성은 자연환경을 그대로 이용하며 성을 조성하였는데 이 성도 그와 같은 경우였다. 문지門址는 보이지 않는다. 성내에는 동서 13.5m, 남북 5.7m, 높이 4.8m의 고대高臺가 만들어져 있는데 가운데 부분이 약간 우묵하고 불에 탄 돌들이 있는 것으로 보아 시대를 달리하여 봉화를 올렸던 자리로 보인다.

　수석리 성지는 후대에는 봉수로서의 기능이 더 많았던 것으로 생각되며 한강변에 위치하고 있어 수로의 관측과 통제를 용이하게 했을 토성이다. 결국 이 성은 고구려의 남침으로 백제가 서울을 공주로 옮긴이래 관방이나 나루터 보루로 삼아 군사를 주둔시키며 국방의 요새로 삼았던 곳이다. 한강변에 자리잡고 남으로 남한산성을 의지하고 북으로 고구려를 경계할 수 있는 전략으로 요충지이다. 이 토성은 백제가 멸망할 때까지 존속되었던 2백여 성의 하나로 군사의 임무와 지방 통제의 주임무를 지녔던 지방요새이다.

토성축조법

　삭토법削土法 : 지형의 안팎을 적절히 깍아 만듦. 급경사의 성벽을
　　　　　　　조성하는 방법.
　판축법版築法 : 일정한 두께씩 흙을 파서 다진 다음 다시 쌓아 올
　　　　　　　리는 방식.
　성토법盛土法 : 주변의 흙을 이용하여 일정한 높이까지 쌓아 올리고
　　　　　　　마감높이에서 두들겨 일정한 성벽형태를 조성.

형태에 의한 산성 분류

　테뫼식 산성 : 산의 정상을 중심으로 7∼8부 능선을 따라 거의
　　　　　　　수평되게 한바퀴 둘러쌓은 성. 일반적으로 규모
　　　　　　　가 작고 연대가 오래 된 것이 많다. 소규모 산성

은 대부분 산정식山頂式이며 단기 전투에 대비한
성곽임.

포곡식包谷式 산성 : 여러 개의 계곡을 감싸고 축성된 것. 성곽 내
에 물이 풍부하고 활동공간이 넓을 뿐만 아니라
외부에 대한 노출도 테뫼식보다 훨씬 적다. 장기
전투에 사용.

복합식 산성 : 일부는 테뫼식 산성이고 일부지역은 포곡식 산성
인 결합형. 규모가 큰 산성이나 도성.

○ 김상용金尙容 선생 묘

소재지 : 남양주시 와부읍 덕소리 산6

기념물 제99호

김상용 묘 ⓒ 김준호

김상용(金尙容, 1561~1637)은 조선 중기의 문신으로 자는 경택景澤, 호는 선원仙源·풍계風溪·계옹溪翁이며, 돈녕부도정을 역임한 극효克孝의 아들이며, 상헌尙憲의 형이다.

일찍이 성혼成渾의 문하에 있으면서 1590년(선조 23) 증광문과에 병과로 급제 검열이 되었다. 임진왜란이 일어나자 강화로 피신했다가 정철鄭徹의 종사관이 되어 왜구토벌과 명 군사 접대에 공을 세워 159년 승지에 발탁되고, 왕을 측근에서 보필하다가 성절사聖節使로 명나라에 다녀왔다.

여러 관직을 거쳐 1623년 인조반정仁祖反正으로 예조 및 호조판서

김상용 신도비 ⓒ 김준호

를 거쳤고 기로소에 들어갔으나 수차례에 사임을 건의하여 사임하였다.

병자호란 초기의 왕의 명령으로 왕족을 시중하고 강화 선원촌으로 피난하였다가 적의 형세가 이미 급박해지자 분사分司에 들어나 자결하려고 하였다. 인하여 성의 남문루南門樓에 올라가 화약火藥을 장치한 뒤 좌우를 물러가게 하고 불을 질러 순절하였다. 그 손자 수전壽全과 노복 한 명이 따라 죽었다.

선생은 사람됨이 중후하고 근신하였으며 청직의 낭관 등 학식과 덕망을 겸비한 문신출신의 주로 임명된 요직과 화직華職을 두루 역임하였는데, 해야 할 일을 만나면 임금이 싫어해도 극언하였다.

광해군光海君 때에 참여하지 않아 화가 박두했는데도 두려워하지 않았다. 인조반정 후 지위가 정축에 이르렀지만 몸을 단속하여 물러날 것을 생각하

김상용 충효각 ⓒ 윤종일

며 한결같이 바른 지조를 지켜, 한 시대의 모범이 되었다. 그러다가
국가가 위망에 처하자 먼저 의리를 위하여 목숨을 바쳤으므로 강도
江都의 인사들이 선생의 충렬忠烈에 감복하여 사우祠宇를 세워 제사
지내었다.

　선생은 글씨에 뛰어나 이왕체二王體를 잘 썼고, 중체衆體에도 뛰어
났다. 또한 시조에도 능하였다. 시호는 문충文忠이다.

○ 김상헌金尚憲 선생 묘

소재지 : 남양주시 와부읍 덕소리 산5

기념물 제100호

김상헌 묘 ⓒ 김준호

김상헌(金尚憲, 1570~1652)은 병자호란 당시 척화론을 주장하며 나라의 명분을 지킨 인물이다. 자는 숙도叔度, 호는 청음淸陰·석실산인石室山人·서간노인西磵老人이다. 돈녕부도정 극효克孝의 아들이며, 우의정 상용尚容의 동생이다.

1596년 정시문과의 병과에 급제하여 승문원권지에 임명되었고, 이어 부수판·좌랑을 거쳐 1601년 제주도에서 일어난 길운절의 역모사건을 다스리기 위한 안무어사로 파견되었다. 1608년 중시문과에 급제하고 사가독서한 뒤 응교·직제학을 거쳐 동부승지가 되었

으나 이언적과 이황 배척에 앞장선 정인홍의 탄핵하였다가 광주부
사로 좌천되었다. 1613년 칠서지옥七庶之獄이 발생, 인목대비의 아버
지인 김제남이 죽음을 당할 때 혼인관계(김상헌의 아들 김광찬이 김
제남의 아들 협의 사위임)로 인해 파직되자 북인北人의 박해를 피해
안동군 풍산으로 낙향하였다.

　1623년 인조반정 이후 이조참의에 발탁되고 공신세력의 보합위
주정치에 반대하여 시비와 선악의 엄격한 구별을 주장함으로써 인
조반정에 직접 참가하지 않은 서인西人(청서파)의 영수가 되었다. 이
어 대사간·이조참의·도승지·부제학을 거쳐 1626년(인조 4) 성절
겸 사은진주사로 명에 다녀왔다. 이후 6조의 판서 및 예문관·성균
관의 제학을 지냈다. 1632년
왕의　생부를　원종元宗으로
추존하려는 데 반대하여 벼
슬에서 물러났다. 1635년 대
사헌으로 재기용되자 군비
의 확보와 북장 군사시설의
확충을 주장하였고, 이듬해
병자호란이 일어나자 주화
론主和論을 배척하고 主戰論을
주장하였다.

　병자호란 당시 청 태종의
10만 대군에게 겹겹이 포위
된 남한산성에서 민족 자존
심을 지키고자 주화파 최명
길崔鳴吉이 작성한 치욕스러
운 항복문서를 찢어버린 일
은 매우 유명한 일화로 알

김상헌 묘 문인석 ⓒ 김준호

김상헌 묘비 ⓒ 김준호

려지고 있다. 조선이 청나라에 패전하다 이를 통한으로 여겨 두 차례에 걸쳐 자결하려고 하였으나, 이도 마음대로 되지 않자, 스스로 임금을 잘못 모셔 신하로서의 자격이 없다는 이유로 남한산성을 빠져나와 본향인 경상도 안동으로 내려가 은거하였다.

이는 어찌 보면 대단히 무책임한 행동으로 평가될 수도 있었다. 인조가 당시 김상헌을 "임금을 속였다"거나 "세상을 속이고 명예를 도둑질 한다"고 까지 비난할 정도였으나 말이다.

그러나 은거하던 김상헌은 1639년 청淸이 명明을 공격하기 위해 요구한 출병에 반대하는 상소를 올렸다가 조한영, 유학幼學 채이항과 함께 70세 노구의 몸으로 북녘 땅 청나라로 압송되었다. 이때 읊은 것이 "가노라 삼각산아 다시보자 한강수야"라는 그 유명한 시조이다.

심양으로 끌려간 김상헌은 죽기를 각오하고 고결한 지조를 지켰다. 6년 후인 1645년 석방되어 그 해에 특별히 좌의정에 제수되고, 기로소에 들어갔다. 효종이 즉위하여 북벌을 추진할 때 그 이념적 상징으로 대로大老라고 존경받았으며, 김육金堉이 추진하던 대동법을 반대하고 김집金集 등 서인계 산림山林의 등용을 권고하였다. 사후 영의정에 추증되었다.

1645년 청 세조가 풀어 주었을 때 최명길은 황은에 감격한다며 네 번 절을 하였으나, 김상헌은 용골대가 여러 차례 잡아끌어 일으

켜 세우려 했으나 허리가 아파서 일어나지 못하겠다고 하며 일어나
지 않았다. 김상헌은 끝끝내 어떠한 타협도 굴복도 하지 않았던 것
이다.

김상헌의 이러한 척화의 주장은 전쟁 이후 200여 년간 조선 정국
을 주도하는 사상으로 자리 잡아 중요한 작용을 한다.

○ 이맹현李孟賢 선생 묘

소재지 : 남양주시 와부읍 도곡리 산45-1

기념물 제114호

이맹현 묘 ⓒ 김준호

　이맹현(李孟賢, 1436~1487)은 조선 초기 문신으로 자는 사성師聖, 호는 근재覲齋, 본관은 재령載寧, 호조참판 개지介智의 아들이다.

　1456년(세조 2)에 생원시에 합격하고, 성균관에서 공부할 때부터 경학經學에 명성이 높았다. 1459년 왕이 경회루에서 연회를 할 때 특별히 그를 불러『역학계몽易學啓蒙』을 강론하게 하였는데, 세조가 이에 크게 칭찬하고 즉석에서 관직을 제수하였다. 1460년 춘당대시 명경과에 장원급제하여 왕으로부터 특별히 부채를 하사받고 5일간 유가하였다. 경학과 교육에 대한 조예가 깊어 이후 어전에서『역경易經』등의 경서를 강의하였고, 오랫동안 경연관 혹은 서연관으로 활약하였다. 1462년 형조좌랑·성균관주부를 거쳐, 1464년 수찬낭

관으로 『동국통감東國通鑑』 편수와, 『경국대전經國大典』 형전刑典 편찬에 참여하였다. 그 뒤 1472년(성종 3) 사헌부장령·이조정랑·예문관응교 등을 지내고 1473년 7월 '양전과 조세부과의 문제점'을 비판하고, '덕종의 추승에 반대론'을 개진하였다. 1475년 경회루를 중수하자는 논의가 있자, 백성들이 가뭄에 시달리고 있으므로 공사의 토목공사를 일체 금해야 한다고 주장하였다. 1477년 당상관에 승진하여 형조참의·이조참의를 역임하면서 국가와 왕실의 전례문제와 여진족 정벌에

이맹현 묘표 ⓒ 김준호

대한 정책 논의에 참여하였다. 이후 홍문관부제학·이조참판·나주목사 등을 역임하였다. '청백리淸白吏'로 녹선되었으며, 저술로는 유시遺詩 4수가 있다.

　묘소는 쌍분으로 되어 있으며 그 앞에 묘표가 있다. 묘표 앞에는 상석, 향로석, 문인석이 있다.

○ 충렬공 박원종朴元宗 묘역

소재지 : 남양주시 와부읍 도곡리 산31
기념물 제170호

박원종 묘 ⓒ 김준호

박원종(朴元宗, 1467~1510)은 적개좌리공신 중선仲善의 아들로, 자는 백윤伯胤, 시호는 충렬忠烈, 초호는 무열武烈이다. 음보로 선전관이 되고 1486년 무과에 합격, 1492년 승정원 동부승지로 발탁된 이후 공조참의, 병조참의, 동부승지, 우부승지, 우승지, 좌승지, 평안도절도사, 동지중추부사, 한성부우윤 겸 도총부 부총관을 역임하고 1502년 평성군平城君에 봉해졌다.

강원도 관찰사로 있을 때는 공물을 줄일 것을 여러 차례 상주하였으며, 1506년 경기관찰사로 있으면서 연산군이 도성 주위에 금표禁標를 설치하고 사냥터를 만들어 그 안의 관사와 민가를 모두 철거시키는 등 포악을 일삼자 이를 간하여 사냥터의 범위를 축소하였고, 조정의 정사가 날로 어려워지자 함북절도사로 나가려 하였으나 부임 중 소환되어 도총부 도총관으로 있다가 임금의 미움을 받고 관직을 박탈당하였다.

연산군의 폭정이 계속되자 성희안, 류순정 등과 1506년 9월 초 2일 반정을 일으켜 연산군을 폐하고 중종中宗을 옹립하였다. 그 공으로 정국

박원종 신도비 ⓒ 김준호

공신 1등으로 대광보국숭록대부 의정부 우의정 겸 경연사 감춘추관사 평원부원군平原府院君으로 진봉되었다. 좌의정을 거쳐 1507년 이과李顆의 옥사를 다스린 공으로 정난공신 1등이 되었고, 1509년에는 왜구들이 제주도 공미선을 약탈하자 이를 문책하고자 대마도에 경차관을 파견할 것을 건의하였으며 전라도 조선 40여 척이 파선 침몰하자 해운海運을 폐기하고 육운陸運할 것을 주장하기도 하였다. 같은 해에 영의정에 올랐고, 이듬해 평성부원군平城府院君에 봉해졌으나 1510년 임금의 허락을 얻어 요양을 하던 중 4월에 향년 44세의 나이에 요절하였다. 중종 묘정에 배향되었다.

묘 앞에는 묘비를 비롯 상석, 향로석, 장명등 그리고 좌우에는 망주석, 문인석 등이 각각 1쌍씩 있다. 신도비는 총 높이 3.25m로 정교한 모양의 이수와 장방형 비좌를 갖추었으며 비신과 이수는 1석조의 대리석이다. 비문은 신용개申用漑가 글을 짓고 글씨를 썼다. 묘역에서 가까운 곳에 사당인 세덕사世德祠가 있다.

○ 청풍김씨淸風金氏 문의공파文毅公派 묘역

소재지 : 남양주시 삼패동 산42-2

기념물 제177호

이곳은 청풍김씨 문의공파 김식(金湜, 1482~1520), 김육(金堉, 1580~1658), 김좌명(金佐明, 1616~1671), 김성응(金聖應, 1699~1764), 김시묵(金時黙, 1722~1772)의 묘역이다.

김식은 문신·학자로 조광조와 함께 왕도정치를 의한 여러 개혁에 참여하였다. 김육은 대동법의 시행 등 제도개혁을 추진하였다. 김좌명은 문신으로 인조 때 여러 벼슬을 했으며 글씨에 능하였다. 김성응은 무신으로 20여 년간 병조판서와 훈련대장을 역임하며 성을 쌓아 정비하는 등 국방강화에 노력하였다. 김시묵은 문신으로 정조의 왕비인 효의왕후의 부친이다. 청풍김씨淸風金氏 문의공파文毅公派묘역은 조선 중기 이후부터 조성, 모셔진 인물의 중요성뿐 아니라 묘역에 있는 석물들의 예술적 가치가 뛰어나다.

○ 김식金湜 묘 및 신도비

김식(1482~1520)은 조선 전기의 문신으로, 조광조 등과 함께 기묘팔현己卯八賢으로 일컬어지며, 영의정에 증직되었으며 시호는 문의文毅이다. 묘역은 부인과 쌍봉으로 남서향하고 있으며, 최근 새로 정비한 것으로 보인다. 신도비는 묘역 입구에 철로공사로 인하여 현 위치로 옮겨졌으며 복련을 조각한 장방형의 대석과 비신 및 이수를 갖추고 있다. 또한 공로가 있는 신하가 죽은 뒤에 종묘에 세워주던 비인 묘정비廟庭碑가 있다.

김식 묘 ⓒ 윤종일

김식 신도비 ⓒ 윤종일

김식 묘정비 ⓒ 윤종일

묘정비廟庭碑 : 서원의 뜰에 세우는 연혁비. 보통 서원을 건립하는 취지와 주벽主壁 즉 향사享祠의 중심이 되는 인물의 학덕과 공업功業을 추앙하는 내용이 기록되어 있음.

유허비遺墟碑 : 선현들의 자취가 있는 곳을 후세에 알리기 위해 세운 비. 출생, 기거起居, 강학講學, 순절, 유배 등 연관이 있는 장소에 선현의 행적을 기념하기 위해 세움.

○ 김육金堉 묘 및 신도비

김육(1580~1658)은 조선 후기의 문신으로 기묘사화己卯士禍 때 개혁을 외치다 죽은 기묘팔현己卯八賢의 한사람인 김식金湜의 3대손으로 본관은 청풍, 자는 백후白厚, 호는 잠곡潛谷·회정당晦靜堂이다.

1605년(선조 38) 사마시, 1624년(인조 2) 증광문과에 급제한 후 많은 관직을 거쳐 효종孝宗 즉위 후 대사헌·우의정에 올랐으며, 실록청 총재관으로 『인조실록仁祖實錄』을 편찬하였으며 1655년(효종 6) 영의정에 올랐다.

김육은 자기의 신념과 어긋난 어떤 것과도 타협을 거부하는 꼿꼿한 선비로, 대동법大同法의 확대실시 문제를 놓고 김집金集과 격론을 벌이면서까지 이를 관철시켰다. 대동법의 실시를 반대한 김집과의 불화로 인하여 그는 중추부영사로 물러앉은 적도 있었지만, 불철주야 대동법의 시행세칙을 마련하여 대동법이 전국적으로 확대 실시될 수 있는 기록을 마련하였다.

김육의 이런 성품은 이미 성균관 시절 약관의 나이에 도드라진 바 있었다.

김육 묘 ⓒ 김준호

광해군 때 그는 성균관 학생들과 함께 청종사오현소(請從祀五賢疏 :
김굉필, 정여창, 조광조, 이언적, 이황 등 5인을 문묘에 배향할 것을 청하는 소)를 올
렸다가 정인홍의 반대로 좌절되자 정인홍을 유적儒籍에서 삭제해 버
려 정계와 학계에 커다란 파문을 일으켰다. 이것이 화근이 되어 김
육은 문과에 응시할 자격까지 박탈당하게 되자 성균관을 떠나 경기
도 가평 잠곡 청덕동에 은거하였다. 이때부터 호를 스스로 잠곡이라
하였다. 1623년 서인西人의 인조반정仁祖反正으로 다시 조정에 복귀하
였다.

그는 민생안정을 내세워 효종孝宗의 북벌계획을 끝까지 반대하였
고, 청나라에서 화폐와 수레[水車]의 이점을 배워 이를 사용함으로써
경제를 윤택하게 할 것을 역설하였다. 서양의 역법인 시헌력時憲曆을
도입하게 된 것도 그의 줄기찬 노력에 의한 것이었다. 그는 단순한
유자儒者가 아니라 지지와 병략, 복서에도 밝은 경세가였던 것이다.
시호는 문정文貞이다.

묘는 정경부인 파평 윤씨와 합장하였는데 곡장을 둘렀고 묘 앞에
는 묘비, 상석, 향로석, 장명등, 망주석, 문인석이 배치되어 있으며

묘비에는 '숭정후기해
구월崇禎後己亥九月'이
란 명문이 있어 1659
년(효종 10)에 건립되
었음을 알 수 있다.
　신도비는 장방형의
비좌와 이수를 갖추
고 있으며 그 조각이
정교하고 매우 아름
답다.
　비문의 상단에 '영
의정시문정신도비명
領議政諡文貞神道碑銘'이

김육 신도비 ⓒ 김준호

라 전액되어 있으며, 이경석李景奭이 글을 짓고 김좌명金佐明이 썼다.

문화재자료

○ 이순지李純之 선생 묘

소재지 : 남양주시 화도읍 차산리 산5

문화재자료 제54호

이순지 묘 ⓒ 김준호

　이순지(李純之, 1406~1465)는 조선 초기의 문신이며 천문학자로 본관은 양성陽城, 자는 성보誠甫이다. 중추원부사 맹상孟常의 아들이다. 선생은 5세 때까지 말도 잘 하지 못하고 병약하였으나 어머니 유씨 부인의 극진한 보살핌으로 훌륭한 청년으로 성장하였다. 천품이 치밀하고 공손했으며 기사에 있어서 매사에 절제가 있었다. 처음에는 음보로 관직에 나가 동궁행수東宮行首가 되었다가 1427년(세종 9) 전시 문과에 급제하여 4년 동안 승문원에 근무하였다. 이후 세종의 명으

이순지 신도비 ⓒ 김준호

로 천문, 역산을 연구하기 시작, 1431년(세종 14)부터 경회루 서북 편에 설치된 간의대의 관측 책임을 맡아 그 서쪽에 12m가 넘는 동표를 세워 해의 그림자를 관측했고, 서략에 혼의와 혼상도 세웠다. 또 경회루 남쪽에 장영실이 설치한 자격루·옥루에 대하여 김담·금조·이천·장영실 등과 협력하여 여상을 바로잡고 간의규표·대평현주·양부일구·자격루 등을 제작·설치하였다. 주로 의상과 규표를 이용하여 천문관측에 전념하던 중 1436년 모친상을 당해 3년간 거상하려 했으나 왕의 특명으로 이듬해 벼슬을 '호군'으로 높여 천문관측과 역산연구에 전념케 되었다.

1442년(세종 24) 정인지·정초·정흠지·김담과 함께 착수한지 10년 만에 『칠정산내외편七政算內外篇』을 완성하였다. 이중 『칠정산내편』은 세종의 명으로 원나라의 수시역법과 명나라의 『통궤역법』을 참작, 우리나라에 맞게 저술한 역법이며, 『칠정산외편』은 내편을 편찬한 후 회회역경통경과 가령역서를 개정 증보하여 만든 책으로 5백여 년 전에 나온 이 역서의 내용이 현대 천문학자들도 놀라게 할 만큼 정밀, 정확하였다. 예를 들면 선생의 『교식추보가령』 교식표에 실린 한양의 위도가 오늘날의 위도와 거의 일치하고 있음만 보아도 그 학문의 깊이를 알게 한다. 이로 인해 조선의 역법은 완전히 정비되었는데 이는 한국 역사상 최초로 서울을 기준한 역법체계를 갖추게 되었음을 의미한다. 이듬해 김담 등과 함께 경기도 지방의 양전을 지휘 감독하였다. 당시 세종은 "최근의 양전 사업에 만약 이순지·김담과 같은 인재가 없었더라면 어찌 해낼 수 있었겠는가"하고 칭찬해 마지않았다. 1445년(세종 27) 그때까지 조사·정리된 모든 천문관계 문헌과 이론을 체계화하여 일종의 천문학 개론서인『제가역상법』4권을 편찬하였으니 천문·역법·상의·구루 등 네 부분으로 나누어 서술했고 이 책의 발문을 썼다. 또 1457년(세조 3)에는 세종 대에 정리되었던 일월식 계산법을 알기 쉽게 편찬하라는 왕명을 받고 김석제와 함께 그 법칙을 외우기 쉽게 산법가시를 짓고 사용법 등을 덧붙여『교식추보법』2권 1책을 완성하였다. 이『교식추보법』은 뒤에 천문분야 관리 채용의 1차 시험인 음양과 초시의 시험교재로 쓰일 만큼 일반화 되었다. 1444년(세종 26) 동부승지에 올랐고 문종이 즉위하던 1451년 지중추원사가 되었으며 호조참의를 거쳐 관압사로 명나라에 다녀왔다. 이어 단종이 즉위하던 1452년 예조참판, 1454년 호조참판을 거쳐 1456년(세조 2) 1월 한성부윤, 이듬해 다시 예조참판이 되었다가 1458년 공조참판으로 사은사가 되어 재차 명

이순지 묘표 ⓒ 김준호

나라에 다녀왔다. 1459년(세조 5) 10월 판한성부사에 임명되어 1년 반 가까이 재직하다가 1461년 1월 사임하였다. 이후 서운관제조를 거쳐 1465년(세조 11) 벼슬이 판원중추사에 올라 행상호군으로 있다가 60세를 일기로 별세하였다. 시호는 정평靜平이다.

세조가 풍수지리에 대한 자문을 구하자 이에 응했고, 왕명에 따라 풍수지리서인『기정도보』를 편찬하기도 하였다. 조선시대 최고의 천문학자였으며 성격이 치밀하고 자연과학에 대한 연구에 부지런하여 산학·천문·음양·풍수 등 네 분야에 대한 조예가 깊어 수학자. 풍수지리학자로서의 이름과 업적을 남겼다. 저술로는『천문류초』1권 1책·『의식추보가령』2권 1책·『선택요약』3책·『칠정산외편』5권 5책·『제가역상법』4권 4책·『기정도서속편』3편·『경오원역』·『대통역일통궤』·『사여전도통궤』·『선덕시비년오월성능범』·『중수대명역』·『대양통궤』등을 남겼다.

묘소의 봉분 앞에는 묘비와 상석이 있는데 묘비는 고려시대 양식을 계승하고 있다. 묘소 입구에는 최근에 건립한 신도비가 있다. 그런데 선생의 신도비는 1984년 10월에야 양성이씨대종회에서 세운 것으로, 그 이유는 조선시대에는 종일품의 관직에 있었으면 신도비를 세우는 것이 원칙이었으나 선생의 재종이 되는 이휘가 사육신과 같이 단종 복위에 연류된 관계로 신도비가 세워지지 않았다.

○ 가운동 지석묘支石墓

소재지 : 남양주시 가운동 산17-2

문화재자료 제80호

가운동 지석묘 ⓒ 윤종일

　지석묘는 청동기시대 대표적인 분묘로 고인돌이라고도 한다.

　남양주지역에는 많은 지석묘가 있었지만 현재는 거의 파괴되었고, 그중 가운동 지석묘는 직접 육안으로 확인되는 몇 안되는 지석묘 중의 하나이다. 이 지석묘의 규모는 장축 3.3m, 단축 1.6m, 높이 0.6m이다. 이 일대는 지석묘 외에도 많은 선사유적이 조사된 바 있어 선사시대 집단 취락지일 가능성이 높은 곳이다.

　이 지석묘가 놓인 곳은 한강에서 약간 높은 구릉 정상부이며 주변에서 돌화살촉이 수습되었다고 전해진다. 이 지석묘는 한강의 흐름 방향과 같이 남북으로 놓여있으며 받침돌이 없는 형태로 남방식 지석묘의 전형적인 특징을 갖고있다.

○ 양평군 한계순韓繼純 묘역

소재지 : 남양주시 진접읍 금곡리 산126
문화재자료 제102호

한계순 묘 ⓒ 윤종일

한계순(韓繼純, 1431~1486)은 조선 초기 문신으로 개국공신 상경尙敬
의 손자이며, 함경도관팔출척사 혜惠의 아들이다. 자는 수옹粹翁, 시
호는 양평襄平이다.

문음으로 출사하여 충의위에 있다가, 세자익위사우세마가 되고,
통례원봉례랑, 사헌부감찰, 종부시주부를 역임하였다. 1464년(세조
10) 공조정랑으로 승진하고, 다음해 사재감첨정이 되었다. 1467년
통정대부로서 동부승지에 특진되었고, 다음해 예종이 즉위하자 우
부승지에 전임되고, 남이南怡의 옥사를 다스리는 데 공을 세워 수충
보사병기정난익대공신輸忠保社炳幾靖難翊戴功臣 1등에 책록되고, 청평군
淸平君에 봉해졌다. 1469년 우승지, 1470년 좌승지, 1471년 공조판서

에 승진하고, 성종의 즉위를 도운 공으로 순성명량좌리공신 3등에 책록되고 오위도총관이 되었다. 1472년 충청도관찰사, 1473년 이조판서에 임명되어 인사를 공정하게 하였다. 1476년 정헌대부에 가자되고, 1479년 지중추부사로 다시 도총관을

한계순 묘비 ⓒ 윤종일

겸하였다. 창경궁을 건설할 때 선공감제조가 되어 공사를 감독하고 그 공으로 1848년 숭정대부에 올랐다.

　묘역은 부인 안동 권씨와 앞뒤로 쌍봉을 이루고 있으며, 봉분 앞에 고려 양식의 비신, 연화문을 새긴 이수형의 묘표가 있다. 1486년(성화 22)에 세운 것이다. 그 앞에 상석, 문인석, 장명등이 있다. 묘갈은 묘역 아래 입구에 있으며 높이 2.3m로 비신은 꼭지모양을 한 통비형이다. 비문은 김유金紐가 찬하였다.

○ 신빈 신씨信嬪辛氏 묘역

소재지 : 남양주시 와부읍 도곡리 산41

문화재자료 제105호

신빈 신씨 묘 ⓒ 김준호

　신빈 신씨(信嬪辛氏, ?~1435)는 태종太宗의 후궁으로, 소생으로는 함녕군誠寧君 이인李裀, 온녕군溫寧君 이정李䄣, 정신옹주貞信翁主, 정정옹주貞靜翁主, 숙정옹주淑貞翁主, 숙녕옹주淑寧翁主, 숙경옹주淑慶翁主, 숙근옹주淑謹翁主가 있다. 묘역은 봉본 뒷면에는 흙으로 곡장을 얕게 만들고, 그 안에 묘역을 조성하였다. 봉분 앞에는 고려양식의 연화형 묘표가 있고, 비에는 '신령궁주신씨지묘信寧宮主辛氏之墓'라 쓰여있고, 묘표는 '정□□년신유삼월正□□年辛酉三月'이라는 기록으로 보아 1441년(세종 23)에 세워진 것으로 보인다.

　묘표 앞에는 상석이 있고, 향로석이 없다. 그 중간에 장대석을 놓았다. 좌우 문인석은 전체적으로 모가 심하며 머리 부분이 전체의

13% 이상을 차지한다. 장등은 문양이 없이 단순하지만 정교한 형태를 하고 있으며, 하대석 중간에 '신령궁주信寧宮主'라 새겨져 있다.

장명등 중간에 각인된 글씨 ⓒ 김준호

○ 남재南在 선생 묘역

소재지 : 남양주시 별내면 화접리 282-7

문화재자료 제114호

남재 묘 ⓒ 윤종일

남재(南在, 1351~1419)는 조선의 개국공신으로 본관은 의령宜寧, 초명은 겸謙, 자는 경지敬之, 호는 구정龜亭, 검교시중 을번乙樊의 아들이며, 남은南誾의 형으로 이색의 문하에서 길재, 정도전 등과 같이 수학하였다.

1371년(공민왕 2) 진사시에 합격하였다. 아우 남은과 함께 이성계의 세력에 가담하여 고려 조정의 신진사류로서 구세력과 대립하였다. 1389년(공민왕 즉위년) 우사의右司儀가 되고, 1390년(공양왕 1) 판전교사시사 겸 집의가 되어 이성계가 위화도에서 회군하자 비록 행군에는 함께 참여하지는 않았으나, 시작의 대계를 의논하고 그 계책을 도왔다.

그 공으로 회군공신回軍功臣에 봉하여 지고, 곧 철원부사로 나갔다 염문계정사廉問計定使로서 양광도로 파견되어 민정을 살폈다. 조선이 개국되자 개국공신 1등에 녹훈 되었으나, 포상을 피하여 지방에 은거하였다.

그 후 태조가 그를 찾아내어 재在라는 이름을 하사하였다. 1393년 (태조 2) 주문사朱問使로 명나라에 가서 사이가 좋지 않던 조선과 명나라의 관계를 개선하여 명나라 태조로부터 3년에 한 차례씩 조공할 것을 허락받았다.

그 공으로 판중추원사가 되고, 1394년(태조 3) 참찬문하부사參贊門下府使가 되었다. 1395년(태조 4) 아버지의 상을 당하여 은거하니, 동

남재 묘비 ⓒ 윤종일

생 은誾과 함께 기복되어 삼사좌복야에 임용되고, 노비변정도감의 판사를 맡았다. 1396년 예문관 춘추관태학사로서 도병마사가 되어 도통처치사 김사형을 따라서 이키도壹岐島·대마도를 정벌하였다. 1398년(태조 8) 정당문학이 되어 정안대군이 왕위에 오르는데 큰 공을 세웠다. 태종이 즉위하다, 세자의 서연관에 빈객이 되었다. 1403년(태종 3) 경상도도 관찰사가 되어 시무를 조정에 보고 하니 그대로 시행하였고, 1404년(태종 4) 대사헌이 되었다가, 1414년(태종 14) 우의정·의령부원군宜寧府院君에 오르고, 하륜 등과 함께 『고려사』를 개수하였다. 그해에 좌의정으로 임명되었다가 1415년(태종 15) 좌의정에서 물러나 수문전대제학 겸 세자전이 되었다. 1416년(태종 16) 영의정에 임명되었다가 사면 된지 3년 후 1419년(세종 1) 12월 14일에 죽었다. 시호는 충경忠景이며, 태조太祖의 묘정廟庭에 추가로 배향되었다.

남재는 이색의 "고기반찬을 좋아하지 말라"는 충고를 평생 간직

남재 신도비각 ⓒ 윤종일

하여 영의정에 되어서도 몸소 채소밭을 매면서 스스로 반찬거리를 농사지은 청백리였다.

묘역에는 봉분 앞에 묘비, 혼유석, 계체석, 상석, 향로석, 망주석, 장명등, 문인석이 있다. 신도비는 화강암으로 장방형 비좌와 팔작지붕의 옥개를 갖추고 있으며 1832년 건립되었다.

○ 이보李俌 선생 묘역

소재지 : 남양주시 화도읍 녹촌리 192
문화재자료 제115호

능원대군 이보 묘 ⓒ 김준호

능원대군 이보(李俌, 1592~1656)는 원종(元宗, 추존왕)의 아들이며, 인조
의 동생으로 호는 경숙敬叔, 인헌왕후 구씨의 소생이다.

1626년(인조 4) 계운궁啓雲宮 구씨具氏의 주상主喪 일을 맡아 했고,
1632년(인조 10) 정원군定遠君이 원종元宗으로 추존되고 종묘에 배향
되면서 대군으로 진호進號되었으며 1636년(인조 14) 병자호란 때는
오위도총부도총관五衛都摠府都摠官으로 극난극복에 힘썼고, 척화론斥和
論을 주장하였다.

특히 병자호란 후 청나라에서 세자 인질을 요구하자 자신이 대신
갈 것을 주청하였으나 거절을 당하였고, 척화사신으로 공헌하였으
며, 인질로 끌려간 사람들의 가족을 사재를 털어 극진히 보살펴 준
것으로 이름이 높다.

1653년(효종) 대왕 후예의 예에 따라 역대 후예 서출 및 외손外孫

능원대군 이보 신도비 ⓒ 김준호

도 면역해 주기를 청했으며, 그의 생활은 모든 면에서 종친의 모범이 되었고, 그의 죽음에 왕도 친히 조상을 하였다. 시호는 정효貞孝이다.

묘역에는 곡장을 두르고 봉분 앞에는 묘표, 상석, 향로석, 동자석, 망주석, 문인석, 장명등이 있다. 비에는 '유명조선국 왕자능원대군겸오위도총부도총관 증익정효공보지묘 문화부부인유씨부좌有明朝鮮國 王子綾原大君兼五衛都摠府都摠管 贈諡貞孝公俌之墓 文化府夫人柳氏附左'라 새겨져 있다.

신도비는 귀부와 비신, 이수를 갖추고 있으며 화려하다. 최근에 비각을 세워 보존하고 있다.

○ 변안열邊安烈 선생 묘역

소재지 : 남양주시 진건읍 용정리 704-1
문화재자료 제116호

변안열 묘 ⓒ 김준호

　변안열(邊安烈, 1334~1390)은 고려 말의 무신으로 자는 충가忠可, 호
는 대은大隱, 본관은 원주原州이며 아버지는 증판삼사사 양諒이다.
1351년 원의 무과에 장원급제하고, 형부상서에 올랐다. 1352년 공민
왕恭愍王과 노국대장공주魯國大長公主의 배종수장으로서 배종, 환국하
였다. 공민왕은 변안열을 추밀원사 원의의 딸과 결혼시켜 원주를 관
향으로 내려주었다. 이로써 변안열은 원주 변씨의 시조가 되었다.
　1361년(공민왕 10) 안우安祐를 따라 홍건적을 패주시켜, 2등공신으
로 판소부감사로 승진하고, 이듬해에 개성을 수복하고 1등공신에
올랐다. 예의판서가 되어 추성보조공신의 호를 받고, 판밀직사사로
최영과 더불어 제주를 정벌한 뒤 지문하부사·문하평리를 역임하였
다. 우왕禑王 때 추충양절선위익찬공신의 호를 받은 뒤 양광전라도

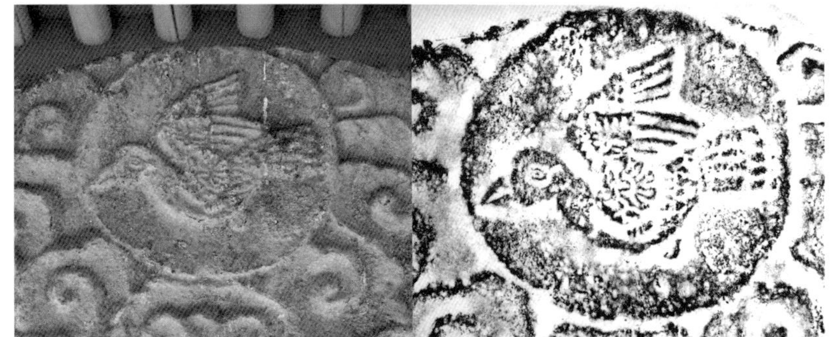

변안열 묘표 삼족오三足烏

도지휘사 겸 조전원사로서 나세·조사민 등과 함께 왜구를 물리치
고 문하찬성사에 올랐다. 이어 도순찰사 이성계의 부장으로 운장과
황산에서 왜적을 물리치고 개선한 뒤 정방제조가 되어 그 세력이
임견미·이인임 등과 겨루게 되었다. 단양과 안동의 왜구를 몰아낸
뒤 원주부원군原州府院君에 봉해지고 판삼사사를 거쳐 뒤에 염삼사사
에 올랐다. 이보다 앞서 1389년(창왕 1) 대호군 김저 등과 이성계 제
거와 우왕의 복위를 모의한 일에 연루되어 이림·우현보·이색 등
과 같이 한양에 유배되었다가 처형되었지만 고려의 충신으로 널리
칭송받고 있다.

김천택金天澤의 『청구영언靑丘永言』에 전해오는 「불굴가不屈歌」가

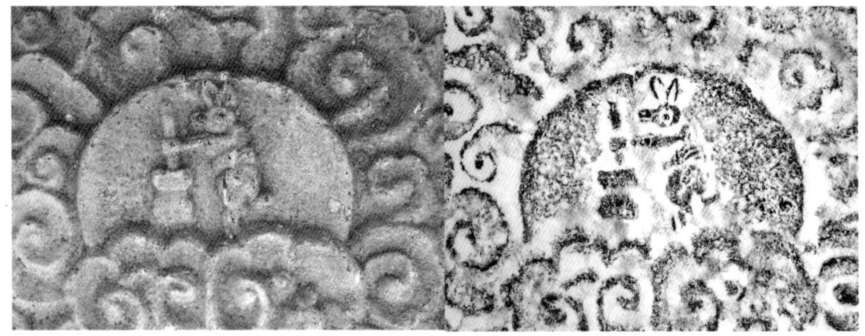

변안열 묘표 토끼가 방아 찧는 모양

변안열의 시로 밝혀져 그의 고려에 대한 충성심을 잘 알 수 있다. 불굴가의 내용은 "가슴팍 구멍 뚫어 동아줄로 마주 꿰어 / 앞뒤로 끌고 당겨 감켜지고 쏠릴망정 / 임 향한 그 굳은 뜻을 내 뉘라고 굽히랴"이다. 이 불굴가는 이방원의 「하여가何如歌」에 대한 정몽주의 「단심가丹心歌」에 뒤이어 읊은 것으로 무신의 굳은 절개가 절절히 담겨있는 충절가라 할 수 있다.

현재 묘역은 잘 정돈되어 있고 특히 묘표의 관석冠石 부분 문양이 특이하다. 변안열 묘표의 관석을 보면 앞면에 토끼가 방아를 찧는 문양이 있고 뒷면에 새(三足烏로 추정)가 뚜렷이 양각되어 있다. 새는 태양을, 토끼는 달을 상징하는 문양이다. 그런데 이곳에 조작된 문양들은 고대의 일월신앙日月信仰보다는 풍수음양사상과 연관지어 해석하는 것이 타당할 것으로 보인다.

○ 흥국사興國寺 대웅보전大雄寶殿

소재지 : 남양주시 별내면 덕송리 산38

문화재자료 제156호

흥국사 대웅보전 ⓒ 김준호

　　대웅보전大雄寶殿은 1821년(순조 21)에 중건된 건물로서 정면 3
칸·측면 3칸의 팔작지붕으로 된 다포계多包系 건축물이다. 처마의
네 모퉁이에 활주를 받쳐, 사방으로 넓고 힘차게 뻗어 있는 처마와
의 조화로 안정감을 준다. 경내의 중심부에 위치하여 앞에는 대방大
房을 두고 좌우에 영산전靈山殿과 시왕전十王殿을 두고 있다. 건물은
장대석의 높은 기단 위에 남향하여 있다. 기단 중앙에 계단이 설치
되고 계단 양 우석은 둥근 활 모양으로 2단으로 가공되고 각 단의
끝은 북 모양의 장식이 있는데 측면에 3태극太極이 조각되어 있다.
초석은 하부는 네모 반듯이 다듬고 그 위에 둥글고 높은 주좌를 갖
춘 형상이며 그 위에 흘림이 거의 없는 둥근기둥을 세웠다. 기둥머

리는 창방과 평방
을 건 다음 그 위
에 다포식의 공포
를 얹었는데 살미
가 겹쳐서 한 몸이
되고 바깥 끝은 연
꽃 등의 장식이 많
이 가미되었으며 봉
두 장식도 첨가되
어 조선 후기의 전
형적인 양식이다. 처

대웅보전 잡상 ⓒ 김준호

마는 겹처마이며 지붕은 팔작지붕인데 지붕의 용마루 양끝에는 취
두, 합각마루에는 용두를 올려놓았다. 또한 각 추녀마루에는 궁전에
서나 볼 수 있는 잡상雜像이 늘어서 있어 이채롭다.

흥국사 전경 ⓒ 김준호

이 건물은 1821년(순조 21)에 중수된 것으로 알려져 있으나 건물 후면에 걸려 있는 「수락산흥국사대웅보전중수기水落山興國寺大雄殿重修記」에 의하면 1889년(고종 26)에 상궁 신씨尚宮申氏 등의 시주로 학허鶴虛 스님 등이 중수하였다는 기록이 있고 현재의 건물의 세부수법도 19세기 말의 양식적 특징 갖추고 있어서 1889년(고종 26)에 다시 지어진 것임을 알 수 있다.

내부 설상設像으로는 목조석가삼존불좌상(91㎝)과 괘불·감로왕도·칠성도·지장도·현왕도·신중도 등 6점의 불화가 있다. 대웅전 바깥벽에 흥국사법당단청기문(1824), 대웅전중수급채화기(1888)·대웅전단청기(1976)·개금불사기(1977) 등 기문편액記文扁額이 걸려 있다.

○ 덕릉마을 산신각山神閣

소재지 : 남양주시 별내면 덕송리 산5-126
도민속자료 제9호

덕릉마을 산신각 ⓒ 윤종일

　덕릉마을 산신각은 덕흥대원군德興大院君 묘 아래에 있는 산신각으로 1882년 수락산 자락에 주민들이 마을의 안녕을 기원하기 위해 세운 것이다. 이곳에서는 음력 1월과 10월에 소머리를 제물로 하여 마을의 안녕과 평화를 기원하는 산신제를 지내고 있다. 1998년 다시 보수하여 화려하기는 하나 예전의 고풍스러운 맛은 없는 편이다. 현재 산신도, 대동질 등은 덕릉마을에서 보관하고 있다.

○ 계명주鷄鳴酒

소재지 : 남양주시 수동면 지둔리 279
무형문화재 제1호

계명주는 옥수
수와 수수로 빚은
민속주로 황혼녘
에 술을 담근 다
음날 닭이 우는
새벽녘이 되면 다
익어 마실 수 있
는 술이라고 하여
붙여진 이름이다.
따라서 가정에서
급하게 술을 빚을

계명주 전수자 최옥근

필요가 있을 때 만들었던 술로 일명 엿탁주라고도 하며, 속성주速成
酒로 일일주一日酒, 삼일주三日酒 등이 이에 속한다. 계명주에 관해서
는 『유원총보類苑叢寶』·『임원십육지林園十六志』 등에 기록되어 있다.
계명주를 만드는 방법은 옥수수와 수수, 엿기름으로 죽을 쑤고 여기
에 누룩과 솔잎을 넣는다. 술을 빨리 익히기 위하여 엿기름을 사용
하는 것이 특징이며, 알코올의 농도가 낮고 단맛이 있는 술이다.
　계명주를 담그는 방법은 우선 누룩을 조청에 담가 골고루 스며들
도록 5~7일 정도 묵혀둔 다음 가마솥에서 은근히 끓여 걸러낸다.
그 사이 옥수수와 수수를 8:2 비율로 섞어 10~12시간 불린 뒤에 이

를 맷돌에 갈아 3배의 물을 붓고 약하게 끓인다. 삼베자루로 걸러낸 원료를 차게 식힌 뒤 조청과 누룩에 솔잎을 배합해서 항아리에 넣고, 25~28℃의 실내에서 10일 동안 발효시키며 알코올 농도는 11~13도이다.

○ 자수장刺繡匠, 궁수宮繡(황순희)

소재지 : 남양주시 와부읍 도곡리
무형문화재 제25호

자수는 인간의 미적 욕구를 따라 복식과 함께 발달해 온 분야로, 헝겊·가죽 등의 표면에 실·끈·리본 등을 바늘 또는 바늘 모양의 도구를 사용하여 무늬를 놓는 작업을 말한다.

자수를 놓는 기술과 그 기능을 가진 사람을 자수장이라고 한다.

전통자수는 유형별로 나누면 왕실의 복식과 예복 등에 수놓은 복식자수, 생활용품에 새겨넣는 생활자수, 가구류에 사용하는 기용자수器用刺繡, 종교 복식과 의기에

자수장, 궁수 황순희

사용되는 종교자수, 그림·글씨를 감상하는 장식적 용도의 병풍에 수를 놓는 병풍자수로 나뉘는데, 우리나라에서는 복식자수와 생활자수가 발달했다.

기능적인 면에서도 섬세한 자수는 전통적인 공예기술로서 신상순와 황순희가 경기도 무형문화재 제25호로 지정되어 그 맥을 이어 가고 있는데, 남양주시의 황순희는 조선시대 궁중에서 수방나

인에 의해 정교하게 만들어진 수인 궁수宮繡에, 구리시의 신상순은 조선시대 민간에서 일반적으로 만들어진 수인 민수民繡에 특히 뛰어나다.

황순희는 1949년 전남 여수시 여천에서 태어났으며, 자수장刺繡匠인 무형문화재 한영화에게 자수기술을 전수받았으며 특히 궁수 분야에 관심을 가졌다. 1998년 경기도 무형문화재 제25호로 지정받았으며, 지금까지 「일월도」·「일월궐령도팔곡병풍」·「구운몽도십곡병풍」을 비롯해 궁중의상과 다양한 문양 등 여러 작품을 제작하며 전승에 힘쓰고 있다.

○ 묘적사妙寂寺 8각7층석탑

소재지 : 남양주시 와부읍 월문리 산143

향토유적 제1호

묘적산妙寂山에 있는 이 사찰은 신라 문무왕(661~691) 때 개창되었다고 하나 확실히 고증할 수는 없다. 『동국여지승람東國與地勝覽』 양주 불우佛宇조의 기록에 김수온金守溫의 기문記文이 있다 하였으니 세조 때에 사찰이 존재하고 있었음은 확인된다.

1895년(고종 32) 산신각이 건립되었으며 1969년에 화재로 소실, 현 대웅전과 요사 건물은 1971년 새로 중건한 것이다.

묘적사 8각7층석탑 ⓒ 윤종일

묘적사 8각7층석탑은 8각의 지대석地臺石 위에 1석으로 조성된 8각7층의 긴 단을 이루고 하대중석下臺中石의 면석面石과 하대 및 상대 갑석甲石에는 각면 2구의 안상眼象이 있으며 기단은 앙복연화문仰覆蓮花文을 상하에 새긴 불좌형식이다.

묘적사 전경 ⓒ 김준호

　탑신은 능각稜角마다 우주隅柱를 새겼고 옥개는 탑신과 일체로 조
성했는데 층이 높아질수록 체감률이 낮아서 비교적 안정감을 준다.
처마의 끝은 반전하여 곡선을 보이고 1〜7층 처마 밑에는 얕은 3단
의 받침이 있다.

　탑의 재료는 화강암이고 높이는 4.3m이다. 수종사 8각5층석탑과
형태가 유사하다.

　탑을 해체하여 현 위치로 옮길 당시 이두吏讀식 표기로 된 기록이
나왔으나 실전되고 말았다. 대체로 조선 초기에 왕실의 발원으로 세
워진 조형으로 추정된다. 1986년 4월 10일 향토유적 제1호로 지정되
었다. 와부읍 월문리 묘적사 대웅전 앞 우측에 위치한 8각7층석탑은
묘적사의 옛 터에 있었으나 1971년 현 위치로 옮겨졌다고 한다.

○ 의안대군義安大君 사당

소재지 : 남양주시 평내동 151
향토유적 제4호

의안대군 이화 사당 ⓒ 윤종일

　의안대군義安大君 이화(李和, ?~1408)는 태조 이성계의 이복동생으로
호는 이요정李樂亭, 어머니는 정안옹주定安翁主 김씨이며 시호는 양소
襄昭이다. 조선을 개국하는 데 적극 협력한 종친으로서 위화도회군
때 이성계와 뜻을 같이하여 회군공신에 봉해지고 조선 개국 후 개
국공신 1등이 되고 의안백義安伯에 봉해졌다. 정도전의 난(1398)으로
정사공신 1등, 박포의 난(1400)으로 좌명공신 2등으로 되었고, 태종
때 영의정까지 올랐으며 태조의 묘정에 배향되었다.

　묘역에는 묘표, 상석, 혼유석, 장대석, 동자석, 망주석, 문인석, 장
명등, 마석, 양석, 호석이 있다.

　사당은 정면 3칸, 측면 1칸 반으로 된 맞배지붕 건물이며 이곳에
는 의안대군과 그의 아들 완천군完川君, 손자 하녕군河寧君의 위패가
봉안되어 있다.

○ 윤천뢰尹天賚 묘 및 신도비

소재지 : 남양주시 별내면 화접리 산58-1

향토유적 제5호

윤천뢰 묘 ⓒ 윤종일

윤천뢰(尹天賚, 1617~1695)는 조선 후기의 무신으로 자는 대여代餘, 본관은 함안咸安, 의주부윤 진경進卿의 아들이다.

1643년(인조 21) 무과에 급제하여 선전관이 되었고, 1654년(효종 5) 치마별장으로 군사를 사열할 때 부하들이 왕 앞에서 금위영 군사와 난동을 부린 일로 문책되어 투옥되었다. 그 뒤 정상 참작되어 용서를 받았다. 1657년 충청도병마절도사, 1659년 전라우도수군절도사에 올라 이 때 민안도와 완도에 둔전屯田을 설치할 것을 건의하였다. 1662년(현종 3) 어영청종군, 1663년 함경도병마절도사, 1669년

윤천뢰 신도비 ⓒ 윤종일

(현종 10) 다시 충청도병
마절도사가 되어 외방에
머무르면서 지방의 군무
를 담당하였다. 그 뒤 다
시 내직으로 돌아와 도
총관·훈련대장을 역임
하고, 1679년(숙종 5) 중
군이 되었다. 1680년 충
청도병마절도사·삼도
수군통제사가 되어 군무
에 충실하였다. 한편, 동
지중추부사로 재직할 때
대흥산성大興山城을 증축

하고, 도정으로 있을 때는 강화
도의 돈대墩臺 공사를 총감독한
공으로 상을 받았다.

묘는 합장묘로 호석을 둘렀
으며, 정면 호석에 '을乙'자를
새겨 놓은 것이 특이하다. 그
앞으로는 묘표, 혼유석, 상석,
편육각 향로석 등의 석물이 있
다. 묘표는 대석과 월두형 비신
으로 되어 있으며 대석에는 복
련과 안상문을 새겼다. 비신에
는 '자헌대부지중추부사겸지훈
련원사오위도총부도총관윤공

윤천뢰 묘표 ⓒ 윤종일

휘천뢰지묘   배정부인초계정씨부좌資憲大夫知中樞府事兼知訓練院事五衛都摠
府都摠管尹公諱天賚之墓   配貞夫人草溪鄭氏祔左'라 쓰여 있다.

　신도비는 높이 3m로 대석, 비신, 옥개석을 갖추고 있으며, 앞면
상단에　전서로　'지중추부사윤공신도비명병서知中樞府事尹公神道碑銘幷
序'로　횡서했으며, 비제는 '유명조선국자헌대부지중추부사겸지훈련
원사오위도총부도총관윤공신도비명병서有明朝鮮國資憲大夫知中樞府事兼
知訓練院事五衛都摠府都摠管尹公神道碑銘幷序'이다. 이 비는 1699년에 세워졌
으며 비문은 남구만南九萬이 찬하고, 조상우趙相愚가 쓰고, 전서는 홍
수주洪受疇가 썼다.

○ 남선南銑 선생 묘 및 신도비

소재지 : 남양주시 별내면 청학리 산78

향토유적 제7호

남선 묘 ⓒ 윤종일

   남선(南銑, 1582~1654)은 조선 중기의 문신으로 자는 택지澤之, 호는
회곡晦谷, 대몽大夢이며 본관은 의령宜寧, 아버지는 무주현감 복시復始
이다.

   1606년(선조 39) 사마시에 합격하였으나, 광해군의 난정으로 과거
를 단념하고 용인에서 살았다. 인조반정 후 태릉참봉이 되었다가 주
부·호조좌랑·황주판관·사복시판관을 거쳐 고산현감을 역임하
고, 1629년 별시문과에 병과로 급제하여 사헌부지평을 거쳐 1630년
안악군수가 되었다. 이때 명나라 장수 유흥치劉興治가 거느린 군졸들
이 가도椵島를 근거지로 하여 해적질을 자행하므로 이를 엄히 다스
려 다시는 노략질을 못하게 하였다. 1633년 해주목사로 승진, 이듬
해 황해도관찰사가 되고 1636년 병자호란 때는 호조참의로 왕을 호
위했으며, 평안도관찰사에 임명되었다가 모함을 받고 물러났다.

남선 묘표 ⓒ 윤종일

1638년 다시 온성부사로 기용되고 함경도병마절도사에 올랐다. 1638년 예조참의·동부승지, 1639년 전라도·강원도 관찰사, 1645년 병조참의가 되어 동지사로 청나라에 다녀왔다. 1647년 대사간·좌부승지, 1648년 도승지, 1649년(효종 즉위년) 경기도관찰사·대사헌, 1652년 형조판서·예조판서를 거쳐 1654년 세자시강원우빈객·의정부우참찬과 이조판서·형조판서를 역임하였다.

묘역에는 봉분 앞에 묘표, 상석, 향로석, 망주석, 문인석이 있다. 원래 신도비는 파손된 채 팔작지붕의 옥개석이 주변에 방치되어 있다.

○ 조말생趙末生 묘 및 묘비

소재지 : 남양주시 수석동 산2-1
향토유적 제8호

조말생 묘 전경 ⓒ 김준호

조말생(趙末生, 1370~1447)은 조선 초기의 문신으로 자는 근초謹初 ·
평중平仲, 호는 사곡社谷 · 화산華山, 본관은 양주楊州, 서운관정書雲觀正
의誼의 아들이다.

조말생은 어려서부터 총명하고 슬기로우며 학문을 힘써서, 1401
년(태종 1) 중시문과에 장원급제에 뽑혀서 요물고부사料物庫副使에 제
수되었고, 감찰監擦 · 정언正言 · 헌납獻納을 거쳐 이조정랑吏曹正郎으로
영전하였다. 1403년(태종 3) 등극사登極使의 서장관으로 명나라에 다
녀왔다.

1407년(태종 7) 문과 중시重試에 둘째로 뽑혀 전농부정典農副正에
제수되었으며, 이어 사헌부장령司憲府掌令 · 예문관직제학藝文館直提學
을 역임하였고, 이듬해 장령을 거쳐 1411년(태종 11) 판선공감사判繕
工監事가 되었다가 곧 승정원동부대언承政院同副代言에 임명되었다가
지신사知申事가 되었다.

1418년(태종 18) 이조참판을 제수 받고 품계를 뛰어서 장덕대부로 가자加資되자, 조말생은 사양하여 말하기를,

"신이 오래 출납하는 지위에 있으면서 조금도 계옥棨沃한 것이 없사온데, 등급을 뛰어 제수하시오니 성은이 너무 지중하와 진실로 마음에 부끄럽사옵니다" 하니

태종이 말하기를,

"경을 대신 자리에 두고자 하나 아직 천천히 하려 하니 사양하지 말라" 하였다.

조말생 묘비 ⓒ 김준호

이어 8월에는 형조판서를 제수 받았다가 곧 병조판서에 임명되어 군정軍政에 관한 시종侍從을 맡아 태종의 총애가 더욱 융숭해졌다.

1426년(세종 8) 장죄臟罪에 연좌되어 외직으로 좌천되었다가 곧 1432년(세종 14) 동지중추원사同知中樞院事에 임명되고, 1433년(세종 15) 함경도 관찰사 겸 함흥부윤 때 우의거亏狄哈침입을 격퇴하였으며, 1435년(세종 17) 판중추원사에 이르렀다.

1437년(세종 19) 예문관대제학을 지내고 1438년(세종 20) 경상·전라·청정 도순문사로서 축성을 감독하였다. 1439년

(세종 21) 궤장几杖을 받고, 임술년 숭록대부에 승차 되었다가, 이 해에 세상을 떠나니 이때가 78세이다. 시호는 문강文剛.

특히 묘비는 귀부와 비신, 팔작지붕의 옥개석으로 되어 있는데 웅장한 자태를 보여주고 있는 것이 특징이다.

조말생 영정

남양주시 지정문화재 일람표

구분	번호	명칭	소재지	지정일	비고
보물	397	봉선사대종	진접읍 부평리 255	1963.9.2	청동 주조 대종 (예종 원년, 1469)
사적	197	광릉	진접읍 부평리 산100-1	1970.5.26	조선 제7대 세조/ 정희왕후 능 207
		홍유릉	금곡동 산 141-1	1970.5.26	
		−홍릉			조선 제26대 고종/ 명성황후 능
		−유릉			조선 제27대 순종/ 순명효황후/ 순정효황후
	209	사릉	진건읍 사능리 산65-1	1970.5.26	조선 제6대 단종 비 정순왕후
	356	순강원	진접읍 내각리 150	1991.10.25	조선 제14대 선조 후궁 인빈김씨
	360	휘경원	진접읍 부평리 267	1991.10.25	조선 제22대 정조 후궁 수빈박씨
	363	광해군 묘	진건읍 송능리 산59	1991.10.25	조선 제15대 광해군/ 군부인 유씨
	365	성묘	진건읍 송능리 산55	1991.10.25	조선 제14대 선조 후궁 공빈김씨
	366	안빈묘	진건읍 송능리 산66	1991.10.25	조선 제17대 효종 후궁 안빈이씨
	367	영빈묘	진접읍 창현리 175	1991.10.25	조선 제19대 숙종 후궁 영빈김씨
천연기념물	11	광릉 크낙새서식지	진접읍 부평리 산100-1	1962.12.3	크낙새 서식지
	232	양지리 향나무	오남읍 양지리 532-1	1970.11.9	향나무(수령 500년)
중요민속자료	129	여경구 가옥	진접읍 내곡리 286	1984.1.10	전통사대부 가옥 (조선 후기)
	130	궁집	평내동 426-1	1984.1.10	조선 제21대 영조 12녀 화길옹주 시댁
유형문화재	22	수종사 5층석탑	조안면 송촌리1060	1972.5.4	조선초기 대표적 8 각5층석탑(세조 6년)
	53	불암사 경판	별내면 화접리 797	1974.9.26	불경 목판(조선)

	127	한확 선생 신도비	조안면 능내리 산69-5	1985.6.28	조선 초기 대표적 신도비(성종 25년)
	157	수종사 부도	조안면 송촌리 1060	1995.8.7	정의옹주 부도 (세종 21년)
	165	봉선사 괘불	진접읍 부평리 255	1998.1.20	조선 후기 탱화 (철종 13년)
	166	신제 한상경 영정	진접읍 금곡리 785	1998.3.20	조선 초기 문신 한상경 영정
기념물	7	정약용 선생 묘	조안면 능내리 산75-1	1972.7.3	조선 후기 실학 집대성자 정약용 묘
	48	홍선대원군 묘	화도읍 창현리 산22-2	1978.10.10	고종 친아버지 이하응 묘
	55	덕흥대원군 묘	별내면 덕송리 산5-13	1980.6.2	선조 친아버지 이초 묘
	78	류량 선생·묘	조안면 시우리 산26	1984.9.12	조선 초기 공신 류량 묘
	94	수석리 토성	수석동 산2-2	1986.5.7	백제 초기 토성
	99	김상용 선생 묘	와부읍 덕소리 산6	1988.3.21	병자호란 순절 충신 김상용 묘
	100	김상헌 선생 묘	와부읍 덕소리 산5	1988.3.21	척화파의 거두 김상헌 묘
	114	이맹현 선생 묘	와부읍 도곡리 산45-1	1988.12.2	조선 초기 청백리 이맹현 묘
	170	충렬공 박원종 묘역	와부읍 도곡리 산31	2000.4.17	중종 반정공신 박원종 묘 및 신도비
	177	청풍김씨 문의공파 묘역	삼패동 산42-2 일원	2001.9.17	김육/김식 등 청풍김씨 묘역
문화재자료	54	이순지 선생 묘	화도읍 차산리 산5	1984.9.12	조선 초기 천문학자 이순지 묘
	56	홍국사 대웅보전	별내면 덕송리 331	1985.6.28	조선후기 장식조각 수법의 특징
	80	가운동 지석묘	가운동 산17-2	1990.2.6	청동기시대 남방식 고인돌
	102	양평공 한계순 묘역	진접읍 금곡리 산126	2001.1.22	조기 초기 문신, 수충보사병기 정난익대공신
	105	신빈 신씨 묘역	와부읍 도곡리 산41	2001. 9.17	태종 후궁 신빈 신씨
	114	남재 선생 묘역	별내면 화접리 282-7	2002.8.	조선 개국공신

	115	이보 선생 묘역	화도읍 녹촌리 192	2002.8.	남재 묘 및 신도비 인조의 동생 능원대군 묘 및 신도비
	116	변안렬 선생 묘역	진건읍 용정리 704-1	2002.8	고려말 충신 변안열 묘
민속자료	9	덕릉마을 산신각	별내면 덕송리 산5-126	1996.12.24	조선시대 마을신앙 자료
무형문화재	1	계명주	수동면 지둔리 279	1987.2.12	차좁쌀로 담근 술/ 닭이 우는 새에 마심
	25	자수장, 궁수 (황순희)	와부읍 덕소리	1998.9.21	자수장, 궁수
향토유적	1	묘적사 8각7층석탑	와부읍 월문리 222	1986.4.10	조선 초기 대표적 8각7층석탑
	4	의안대군 사당	평내동 151	1986.4.10	태조 이복동생 이화의 사우
	5	윤천뢰 묘 및 신도비	별내면 화접리 산58-1	2004.12.24	조선 후기 무신 윤천뢰 묘 및 신도비
	7	남선 선생 묘 및 신도비	별내면 청학리 산78	1986.4.10	조선 중기 문신 남선 묘 및 신도비
	8	조말생 선생 묘비	수석동 산2-1	1990.11.2	조선 초기 문신 조말생 묘비

참고문헌

『삼국사기』.

『삼국유사』.

『고려사』.

『조선왕조실록』.

『신증동국여지승람』.

양주문화원, 『양주군지』, 1992.

한국문원, 『왕릉』, 1995.

남양주시, 『남양주문화재산책』, 1996.

남양주시 · 남양주문화원, 『남양주문화유적』, 1997.

서일대학 강경향토문화연구소 · 남양주문화원, 『석실서원』, 1998.

경기도, 『경기문화대관』, 1998.

남양주문화원 · 남양주시, 『남양주시의 역사와 문화유적』, 1999.

남양주시편찬찬위원회, 『남양주시지』 1 역사, 2000.

남양주시편찬찬위원회, 『남양주시지』 2 문화재와 인물, 2000.

남양주시, 『문화유적 길라잡이』.

※ 조사에 협조에 주신 모든 분들과, 그 밖에 자료정리와 입력 등 작업과정에서 도움을 주신 모든 분들께 감사드립니다.

※ 이 책은 학생과 일반인들이 남양주시 지정문화재를 이해하는 데 도움을 주기 위해 발간되었습니다.

임병규林炳珪

홍익대학교 회화학과 졸업(동양화 전공)
현 남양주향토사료관장

윤종일尹鍾一

경희대학교 사학과 졸업
동 대학원 문학박사
현 서일대학 민족문화과 교수

편집·간행위원회 위원(가나다순)
김택중(서울여자대학교 사학과 교수)
김희찬(경희대학교 교양학부 교수)
나호열(경희대학교 사회교육원 주임교수)
안태호(와부소식 발행인)
윤종일(서일대학 민족문화과 교수)
임병규(남양주향토사료관장)
조세열(민족문제연구소 사무총장)
최상범(동국대학교 조경학과 교수, 전 부총장)

풍양문화연구소
풍양문화시리즈 01

남양주 문화재

값 6,500원

인　쇄 :	2006년 5월 30일
발　행 :	2006년 6월 10일
저　자 :	임 병 규 · 윤 종 일
사　진 :	김 준 호 · 윤 종 일
탁　본 :	임 병 규 · 양 문 순
발행인 :	한 정 희
편　집 :	장 호 희
발행처 :	경인문화사
주　소 :	서울특별시 마포구 마포동 324-3
전　화 :	02-718-4831~2
팩　스 :	02-703-9711
이메일 :	kyunginp@chol.com
홈페이지 :	http://www.kyunginp.co.kr
	한국학서적.kr
등록번호 :	제10-18호(1973. 11. 8)

ISBN : 89-499-0395-4 04900